Traude Bollig

Hildegard von Bingen

Traude Bollig

Hildegard von Bingen

Die Heilkraft ihrer Symbole

LIMARUTTI VERLAG

Autor: Traude Bollig
Hildegard von Bingen | Die Heilkraft ihrer Symbole

office@limarutti-verlag.at
www.limarutti-verlag.at

Aktualisierte Neuauflage: ISBN 978-3-902280-99-2

Du führest unseren Geist
In die Weite der Welt,
Wehest Weisheit ins Leben
Und mit der Weisheit die Freude.

Hildegard von Bingen
Symphonia, Gedichte und Gesänge

Wichtiger Hinweis

Die in diesem Buch vorgestellten Symbole können in eigener Verantwortung genutzt und von Menschen in beratenden und therapeutischen Berufen in ihre Arbeit integriert werden.

Sie sind weder als Mittel zur Diagnose und Therapie gedacht, noch ersetzen sie im Krankheitsfall eine Diagnose oder eventuell notwendige ärztliche Behandlung.

Einleitung

Vorwort von Professor Eike Hensch 8
Danksagung 9
Wie alles begann 10
Leben und Werk Hildegard von Bingens 16
Die Bedeutung von Gesundheit und Krankheit bei Hildegard von Bingen 22

Die Symbole

Die Symbole 27
Die Entschlüsselung der Symbole 30
Schlüsselthemen 36
Symbole von ***a*** bis ***est*** 38
Besonderheiten und Kombinationsmöglichkeiten 86
Mit den Symbolen arbeiten 87
Das Namenszeichen 92
Das kosmische Persönlichkeitsdreieck 98
Symbolarbeit bei Krankheiten 101
Wie Menschen die Wirkung der Symbole erleben 104
Ausblick 105

Anhang

Anhang 107
Muskeltesten, das „Biofeedback-Instrument“ 109
Zuordnungstabelle der Symbolbuchstaben 114
Beispiele für radiästhetisch ausgemessene Zeichen 116
Fragen an das Medium Gisela Keul 117
Quellen 125
Adressen 125
Über die Autorin 126
Stichwortverzeichnis 128

Vorwort

Das Erfassen der kosmischen Gesetzmäßigkeiten durch den Menschen geschieht über Symbole. Carl Gustav Jung sagte: „Wenn die Seele das Symbol erforscht, wird sie zu Vorstellungen geführt, die jenseits des Zugriffs des Verstandes liegen.“ Auch Zahlen und Buchstaben sind in den meisten Kulturen mit besonderen symbolischen Bedeutungen belegt. Dann besitzen sie einen Informationsgehalt, der Wissenden zugänglich ist und den sie für sich verarbeiten können. Steht hinter dem Schöpfer eines Symbols eine mystische Energie, so wird sich diese unwiderruflich in das Symbol einkoppeln, so oft man es auch kopieren mag. Der geistige Gehalt bleibt bestehen, auch wenn das Symbol nur aus ein wenig „Druckerschwärze“ besteht.

Hildegard von Bingen besaß diese geistige Energie, die wir heute auf der Basis der Erkenntnisse der Quantenphysik als kapazitive Energie bezeichnen dürfen. Sie war die Kapazität des Mittelalters.

Traude Bollig und Ingrid Richter haben ein Schatzkästlein gehoben und geöffnet, dessen Inhalt für viele Menschen auf ihren gesundheitlichen und forschenden Erfahrungswegen von Bedeutung sein möge und der in der Lage ist, tief in die Seele vorzudringen.

Nienburg im Jahre 2002
Eike Hensch,
Spezialist für Geomantie und Radiästhesie
Professor für Architektur

Danksagung

Mein Dank gilt an erster Stelle Hildegard von Bingen, dieser großen Ordensfrau, die uns den unerschöpflichen Schatz ihres Wissens hinterlassen hat.

Dank an alle Helfer und Helferinnen in der geistigen Dimension. Sie haben uns bei dieser Aufgabe geführt und inspiriert. Danke für die Geduld mit uns Erdenmenschen!

Auf der irdischen Ebene danke ich vor allem Ingrid Richter, die als Kinesiologin einen wesentlichen Teil zur Entschlüsselung der Symbole beigetragen hat. Die Zusammenarbeit mit ihr war eine große Bereicherung, beruflich und persönlich. Ohne sie hätte das Buch in dieser Form nicht entstehen können. Leider konnte sie die Fertigstellung und Veröffentlichung nicht mehr erleben. Durch einen Unglücksfall wurde sie abberufen. Für mich ist sie untrennbar mit dem Ergebnis der Entschlüsselung verbunden.

Ein großer Dank an Gisela Keul, die als mediale Beraterin immer dann neue Aspekte aufzeigte, wenn die Arbeit ins Stocken geraten war und die uns immer wieder Mut machte, nicht aufzugeben.

Dank sage ich allen Freunden und Freundinnen, Klienten und Klientinnen, die bereit waren, sich auf die Arbeit mit den Symbolen einzulassen und mit ihrer Rückmeldung zur Entschlüsselung beigetragen haben.

Mögen die Symbole allen Menschen, die mit ihnen in Kontakt kommen, zum Segen werden!

Wie alles begann

Im Jahr 1998 wurden anlässlich des neunhundertsten Geburtstages Hildegard von Bingens viele Dokumente aus ihrer Zeit im Dom zu Mainz ausgestellt. Darunter befand sich auch der berühmte Riesencodex aus der Hessischen Landesbibliothek in Wiesbaden, ein fast zwölf Kilo schweres Manuskript, das kurz nach Hildegards Tod geschrieben worden war, um den gesamten Schatz ihres Wissens zu bewahren. Dieses Manuskript enthält unter anderem die so genannten *litterae ignotae*, bisher nicht entschlüsselte Zeichen, die ohne jeden Zusammenhang zum übrigen Text mitten in einem Kapitel auftauchen. Die alte Handschrift lag auf dieser Seite aufgeschlagen in einer Vitrine. Eine der vielen Besucherinnen der Ausstellung interessierte sich vor allem für diese „unbekannten Buchstaben". Als Malerin hatte sie eine Antenne für Symbole - und diese hier hatten eine ganz besondere Ausstrahlung. Also begann sie, die Symbole zu skizzieren, Zeichen für Zeichen. Eine Kopie dieser Skizzen gab sie später an Heidemarie, eine Frau aus ihrem Freundeskreis weiter, die sich mit alternativen Heilweisen beschäftigt.

An einem Nachmittag im Dezember 1999 kamen vier Frauen zusammen, um Erfahrungen auszutauschen und sich gegenseitig über aktuelle Entwicklungen auf dem Gebiet der geistigen Heilweisen zu informieren: Heidemarie, Heilerin und Reiki-Lehrerin, eine Klangtherapeutin, eine Yogalehrerin und eine Kinesiologin. Und es gab in der Tat etwas ganz Neues: Heidemarie hatte eine Kopie der „geheimen Schriftzeichen" mitgebracht: fünfundzwanzig Zeichen auf einem einfachen weißen Blatt, lediglich ergänzt durch den Zusatz:

„Geheimschrift / litterae ignotae (wörtl. „unbekannte Buchstaben")
Riesencodex Hildegard von Bingen 1180/90
Wiesbaden, Hessische Landesbibliothek, Hs 2"

Jedem Schriftzeichen hatte sie eine Deutung hinzugefügt, die sie intuitiv in der Meditation erspürt hatte. So stand beispielsweise beim Zeichen für das ***t*** „Niere". Ingrid, die als Kinesiologin den Zusammenhang zwischen Muskeln, Meridianen und Organen kennt, schlug vor, den Psoas, einen großen Muskel im Becken zu testen, um diese Deutung zu überprüfen. Dies geschieht durch leichten Druck auf ein Bein nach außen und nach unten, während es gestreckt angehoben ist. Heidemarie, die eine Nierenschwäche bei sich vermutete, stellte sich spontan als Testperson zur Verfügung.

Tatsächlich, das Bein konnte dem Druck nicht standhalten, der Muskel war schwach. Nun wurde der gleiche Test wiederholt, während Heidemarie auf das zu überprüfende Symbol schaute. Und wirklich, jetzt erfüllte der Muskel seine Funktion, das Bein konnte in der ausgestreckten Position gehalten werden. Es war unglaublich!

Die Frauen überprüften dieses Ergebnis noch einige Male, um ganz sicher zu sein. Schließlich schaute Heidemarie etwa eine Minute lang auf das Zeichen. Beim folgenden Test konnte der Muskel und somit auch das Bein dem Druck standhalten, auch ohne dass Heidemarie das Zeichen weiter anschaute. Alle waren beeindruckt. Sie ahnten, welcher Schatz ihnen hier geschenkt worden war, und für Ingrid gab es keinen Zweifel: Sie würde keine Mühe scheuen, um mehr über das Geheimnis dieser Zeichen zu erfahren.

Und so kamen die Zeichen zu mir. Ingrid und ich hatten schon leit längerem einen intensiven und regelmäßigen Erfahrungsaustausch gepflegt, der immer fruchtbar und sehr wichtig war, da wir beide schon seit einiger Zeit in eigenen Praxen mit Klienten arbeiteten. Wir hatten beide schon Erfahrung in Symbolarbeit. Ich hatte mich außerdem viel mit Hildegard und besonders mit deren Wissen über die Heilwirkung der Edelsteine beschäftigt, hatte Vorträge zu diesem Thema gehalten und Seminare dazu durchgeführt. Wir hatten beide schon die besondere Kraft des Disibodenberg gespürt, jenes Ortes, an dem Hildegard einundvierzig Jahre ihres Lebens verbracht hatte. Es lag also nahe, dass wir sehr an der Wirkung dieser Schriftzeichen interessiert waren. Und so machten wir uns im Januar 2000 auf unseren Weg der Erforschung dieser Symbole, den wir zwei Jahre gemeinsam gehen sollten. Bei diesem Treffen im Januar 2000 waren die Hildegard-Schriftzeichen unser Hauptthema. Dank des kinesiologischen Muskeltests, unseres wunderbaren „Handwerkszeugs“, konnten wir diese Wirkung leicht und zuverlässig überprüfen. Die Ergebnisse unserer ersten Experimente waren so eindrucksvoll, dass in uns beiden der Wunsch geweckt war, diese Arbeit weiterzuführen. Wir beschlossen, uns von nun an regelmäßig in kürzeren Abständen zu treffen und intensiv an der Entschlüsselung der Symbole zu arbeiten.

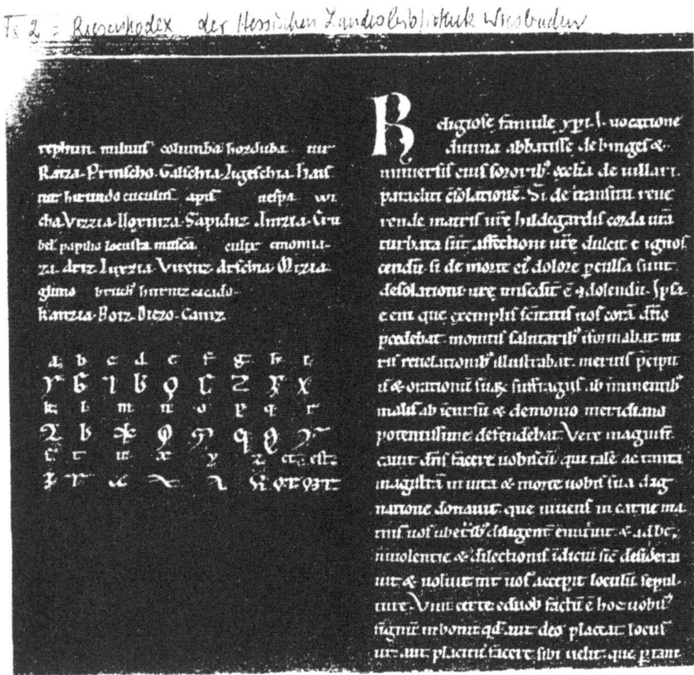

Bald darauf nahmen wir Kontakt mit der Hessischen Landesbibliothek in Wiesbaden auf, um mehr über den Ursprung der Symbole zu erfahren. Der stellvertretende Bibliotheksdirektor schickte uns eine Kopie des Originals[1] (siehe Abbildung) und folgende Informationen:

„Bei diesen „Symbolen" handelt es sich um die so genannten *litterae ignotae* (wörtlich: unbekannte Buchstaben) aus dem Riesencodex der Hildegard von Bingen (Handschrift 2). Dieses Manuskript entstand circa 1180 bis 1190, also nach Hildegards Tod im Kloster auf dem Rupertsberg. Es ist eine Vita, geschrieben mit der Absicht, Hildegards Ruhm zu mehren und ihr Wissen zu bewahren. Der Riesencodex enthält alle drei theologischen Hauptschriften, (keine naturwissenschaftlichen Schriften), ihre Korrespondenz und ihr musikalisches Werk. Die Buchstaben tauchen einfach mitten im Kapitel auf, stehen jedoch in keinem Zusammenhang mit dem umgebenden Text. Es gibt noch eine *lingua ignota* (wörtlich: unbekannte Sprache), ebenfalls Zeichentexte, deren Entschlüsselung bis jetzt noch nicht gelungen ist."

Die Frage, ob diese Geheimschrift von Hildegard stammt, kann nicht absolut sicher mit Ja beantwortet werden. Es gibt aber auch keine Argumente dagegen, und nach allem, was ich bisher über und durch die Symbole erfahren habe, gehe ich davon aus, dass Hildegard von Bingen die Urheberin dieser Zeichen ist. Bei unserer Arbeit mit den *litterae ignotae* stießen wir nach und nach auch auf Parallelen zu Hildegards Beschreibung der krankmachenden Lebensweisen, und je weiter die Entschlüsselung fortschritt, desto deutlicher wurden diese Hinweise. Mittlerweile hatten wir keinen Zweifel mehr daran, dass uns Hildegard mit diesen Symbolen ein wirksames Mittel zur Erlangung psychischer und wahrscheinlich auch körperlicher Gesundheit übermittelt hat und dass die Entschlüsselung dieser geheimnisvollen Zeichen zur rechten Zeit kommt. Denn in unserer Zeit gewinnt die so genannte „Schwingungsmedizin" immer mehr an Bedeutung und findet ihren Ausdruck in vielfältigen Verfahren wie Homöopathie, Bach-Blütentherapie, Bio-Resonanz, Farbtherapie, Radionik, Sanjeevini Heilschwingungen und anderen. Hildegard war die Heilung

1 Das Alter solcher Schriften erlaubt kein normales Kopieren, das sie zerstören würde. Durch das Kopieren im Mikrofilmverfahren erscheinen die Schriftzeichen und der umgebende Text weiß auf dunklem Hintergrund. Im Original sind sie selbstverständlich schwarz auf weiß.

durch „Schwingungen“ jedenfalls vertraut, wie ihre Edelsteinmedizin beweist oder der Hinweis auf die „Grünkraft“ einer Pflanze, die schon durch bloße Berührung oder Ansehen eine heilende Wirkung entfalten kann.

Doch was veranlasste sie zur Aufzeichnung der *litterae ignotae*? Waren es ihre Visionen oder gab es andere Quellen? Was hat Hildegard damit bezweckt, wie hat sie die „Symbole“ angewandt? Auf diese Frage habe ich bis heute noch keine Antwort gefunden. Es gibt Spekulationen, Vermutungen, doch letztlich bleibt es ein Geheimnis.

Wir waren jedenfalls fest davon überzeugt, dass hinter den Buchstabensymbolen mehr als nur der „Erfindungsgeist“ von Hildegard steckt, der „ausgefallen, verspielt und vielleicht ein wenig belanglos erscheinen mag ... und zu recht absonderlichen Gebilden geführt hat“.[2] Natürlich tauchten auch Fragen und Zweifel auf: Wie sollten wir bei der Entschlüsselung vorgehen? Waren wir dazu überhaupt fähig und berufen? Doch das Projekt ließ uns nicht los. In unserer Verunsicherung, aber auch aus Neugier beschlossen wir, ein Medium zu befragen - Gisela Keul, deren Integrität absolut außer Frage steht. Die Tatsache, dass auch Hildegard eine Seherin war, bestärkte uns in diesem Schritt. Der Text, der uns übermittelt wurde, überraschte uns in seiner Fülle und Intensität. Passagen daraus werden in den folgenden Kapiteln zitiert, andere Teile, die zum weiteren Verständnis beitragen können, finden sich im Anhang. Für unser Vorhaben erhielten wir die folgenden Botschaften:

„Traude, du wirst jetzt aufgefordert, deine Verantwortung zu übernehmen, ohne dass du noch einen Schritt zurückgehen könntest, um dich hinter einer Barriere zu verstecken.“

„Ebenfalls für dich, Ingrid, ist diese Information. Wir haben schon längere Zeit versucht, euch beide auf den Weg zu bringen. Wenn ihr diese Arbeit der Entschlüsselung vornehmt, seid ihr sozusagen die Spitze eines Eisbergs. Es werden noch viele andere Informationen folgen.“

---

2 Règine Pernoud, *Hildegard von Bingen*, Seite 105

Und als Antwort auf die Frage: „Dürfen wir es machen, ist es eine Aufgabe?"

„Ja, die Zeit in der Vergangenheit diente euch dazu, eure Körper in einen Zustand zu bringen, der so weit schwingend ist, dass ihr euch, ohne euch selbst zu behindern, jetzt öffnen könnt für diese Informationen, um sie sozusagen der Transformation der heutigen Zeit zur Verfügung zu stellen und eine Hilfe zu sein für die Entwicklung der Menschen. Nicht wahr, das war doch das, was ihr euch gewünscht habt seit langer Zeit. Nun habt ihr eine Aufgabe zusätzlich zu euren täglichen Aufgaben bekommen."

In der Tat hatten wir uns schon seit langem *wirksame* und *einfache* Hilfen für unsere Arbeit gewünscht. In den nächsten Monaten tauchten oft Zweifel auf, ob es wirklich so einfach sein kann und darf und ob die Menschen auch bereit sind, derart einfache Hilfen anzunehmen. Und immer wieder erinnerten wir uns an die Aussage eines Weisen: *„Alles wirklich Wahre ist einfach."*

Fast ein Jahr nach Beginn der gemeinsamen Arbeit bekamen wir– zusätzlich zu der Aufforderung, alle überflüssigen Aktivitäten zu unterlassen – folgende Hinweise:

„Für die Arbeit mit den Symbolen raten wir, gebt nicht auf, sondern begebt euch immer wieder in Zusammenarbeit. Rücksichtnahme beiderseits ist dringend und zwingend erforderlich. Wir haben euch zusammengeführt, um zu ergänzen, wo Lücken sind. Wir bitten noch einmal um einen guten Willen und die Durchführung dieser Aufgabe. Dieses Projekt muss gestartet werden. Die Voraussetzung ist gut bis sehr gut. Die Motivation ist jedoch schleppend und schwer. Druck muss ausgeübt werden, damit sich die Notwendigkeit greifbar machen lässt. Einigt euch noch einmal, um die Schriftsetzung in Gang zu bringen. Schriftsetzung, damit meinen wir in diesem Fall, der komplette Text dieses handlichen Buches muss jetzt geschrieben werden, und er muss reproduzierbar werden. So gesehen ist es die Ruhe vor dem Sturm, es ist der Anfang eines auf die Öffentlichkeit übertragenen Wissens über die Zusammenhänge und Möglichkeiten, die ein Mensch auf diesem Erdenteil hat."

Leben und Werk Hildegard von Bingens

Hildegard von Bingen zählt zu den bedeutendsten und bemerkenswertesten Persönlichkeiten des europäischen Mittelalters. Es ist nicht erstaunlich, dass das Werk dieser großen Mystikerin, Naturforscherin und Ärztin gerade in der heutigen Zeit wieder an Bedeutung gewinnt, einer Zeit, in der ganzheitliches Denken nötiger ist denn je.

Kindheit und Jugend

Hildegard wurde 1098 im rheinhessischen Bermersheim geboren. Sie war das zehnte Kind des Edelfreien Hildebert und seiner Frau Mechthild. Es war eine bewegte Zeit, in der die Kreuzzüge die Welt in Atem hielten und Staat und Kirche heftige Machtkämpfe austrugen. Doch Hildegards Umfeld blieb von all dem weitgehend unberührt. Als adelige Tochter wuchs sie wohl behütet auf. Schon vor ihrer Geburt hatten die Eltern bestimmt, dass dieses Kind als „Zehnt" Gott geweiht und einem Kloster übergeben werden sollte, wie es damals üblich war. Bereits im Alter von acht Jahren zog Hildegard zu der sechzehnjährigen Jutta von Sponheim in eine Frauenklause, die dem Benediktinerkloster auf dem Disibodenberg in der Nähe von Bingen angeschlossen war. Die Klause hatte nur ein Fensterchen zur Klosterkirche und ein vergittertes Fenster zur Außenwelt und war von einem kleinen Gärtchen umgeben, das der Gesundheiterhaltung seiner Bewohnerinnen diente. Hier lernte Hildegard Lesen und Schreiben. Und hier wurde auch das Fundament für ihr Wissen über die Natur und ihre Heilkräfte gelegt. Damit bewegte sie sich ebenfalls im üblichen Rahmen, denn das Wissen über heilkräftige Pflanzen sowie die Zubereitung von Salben und Arzneien war im Mittelalter „Frauensache". Im Jahre 1114 nahm Hildegard den Schleier und begann ihr Leben als Benediktinernonne.

Visionen und Schriften

Schon sehr früh wurde Hildegards sonderbare Gabe deutlich: eine visionäre Fähigkeit, die sie selbst als „Schauen" bezeichnete. Rückblickend schildert sie, wie sie als Kind ein großes Licht erblickte, so dass ihre „Seele schauderte", wie sie aber, weil sie noch so jung war, dieses Erlebnis nicht in Worte fassen konnte. Ansonsten hatte sie als Kind noch unbekümmert über ihr „Schauen" gesprochen. Beispielsweise sagte sie als Fünfjährige das genaue Aussehen und die Fellzeichnung eines noch ungeborenen Kalbes vorher. Die heranwachsende Hildegard hielt sich mit solchen Aussagen jedoch mehr und mehr zurück. Erst mit fast zweiundvierzig Jahren, als die Visionen immer stärker und drängender wurden und sie schwer krank geworden war, deutete sie dieses „Schauen" als von Gott kommend und nahm, unterstützt von Mönch Volmar und Abt Kuno, ihr erstes Werk in Angriff.

In *Scivias (Wisse die Wege)* werden die Hintergründe und Dimensionen der Schöpfung in einer gewaltigen Schau aufgezeigt. Im Jahre 1151 ist das Werk vollendet. Schon während seiner Entstehung fand Scivias höchste Anerkennung durch geistliche Würdenträger, zu denen auch der damalige Papst Eugen III. und der heilige Bernhard von Clairvaux gehörten. Hildegard wurde als *prophetissa teutonica* in ganz Europa verehrt und geachtet.

In den Jahren 1150 bis 1160 entstanden keine visionären Schriften. Dafür trug Hildegard ihr gesamtes Wissen über Pflanzen, Tiere und Heilmittel zusammen. Auf diese Weise entstanden Bücher über Naturkunde (*Physica*) und Heilkunde (*Causae et curae*). Sie enthalten Beschreibungen von Pflanzen, Tieren, Steinen und Metallen, aber Hildegard zeigt darin auch auf, welche natürlichen Heilkräfte sich der Mensch nutzbar machen kann. Dabei vertritt sie immer eine eindeutig ganzheitliche Sicht der Schöpfung. Bücher wie diese brachten Hildegard die Bezeichnung „Ärztin" ein und sorgten dafür, dass sie noch heute oft als Schutzpatronin für Krankenhäuser eingesetzt wird.

Im Jahre 1158 begann Hildegard mit der Arbeit an ihrer zweiten Visionsschrift *Liber vita meritorum* (*Buch der Lebensverdienste*). Dabei handelt es sich um eine „Sittenlehre“ mit vielfältigen Themen: Ehe, Familie, menschliches Zusammenleben, Natur und Wissenschaft. Hier begegnen wir den bereits erwähnten „Tugenden und Lastern“. Da die Freiheit zum Wesen des Menschen gehört, gibt ihm Gott zum Erhalt der Schöpfung und zur Orientierung in der Welt eine Tugendordnung mit auf den Weg. Einer solchen Ordnung „liegt die zutiefst physiologische Einsicht zugrunde, dass es immer die gleichen Grundkräfte und Bedürfnisse sind, die auch die inneren Grundbedürfnisse zu erhalten oder zu zerstören in der Lage sind.“[3] Indem wir diese Bedürfnisse als „krankmachende oder heilsame Lebensmuster“ bezeichnen, betonen wir ihre Aktualität. An den Grundbedürfnissen hat sich seit damals nämlich nichts verändert.

Nachdem sie dieses Werk beendet hatte, schrieb Hildegard, wiederum auf der Grundlage einer visionären Schau, zwischen 1163 und 1173 *De operatione Dei* (*Buch der Gotteswerke*). Es beschreibt den Verlauf der Heilsgeschichte von der Genesis bis zur Apokalypse. Im Zentrum steht der Mensch, dem Gott die Natur anvertraut hat. Kosmos und Natur dienen dem Menschen und dieser dient Gott, zusammen mit Kosmos und Natur. Indem der Mensch das Wirken Gottes in allem erkennt und in jedem seiner Geschöpfe, kann er auf die endgültige letzte Ordnung hinwirken und damit Mitschöpfer sein.

Musik

Wenn man über Hildegard und ihr Werk spricht, darf man die Musik nicht vergessen. Musik spielte eine wichtige Rolle in der christlichen Liturgie des Mittelalters. Durch sie bekommt der biblische Text, der im Mittelpunkt steht, eine noch größere Bedeu-

---

3 Heinrich Schipperges, *Hildegard von Bingen*. Hier wird auf sehr anschauliche Weise die Bedeutung der Tugenden und Laster bei Hildegard und im Kontext zur heutigen Welt beschrieben. In der Einzelbeschreibung der Symbole S.39 - 83 sind sie unter der Überschrift ‚Hildegard‘ passend zur jeweiligen Thematik aufgeführt.

tung. Hildegard ging auch hier eigene Wege. Sie vertonte nicht nur biblische Texte, sondern komponierte auch Musikstücke zu Szenen aus ihren Visionen, die textlich und musikalisch alles bis dahin Übliche in den Schatten stellten. Diese Kompositionen, die ein wichtiger Bestandteil der ungewöhnlichen Messfeiern auf dem Rupertsberg waren, dienten dem Lobpreis Gottes und wurden als Vorwegnahme der Gesänge des „Himmlischen Jerusalem" verstanden.

Klostergründungen

Im Jahre 1150 gründete Hildegard aufgrund einer visionären Schau ein eigenes Kloster auf dem Rupertsberg bei Bingen. Das geschah gegen erheblichen Widerstand von Seiten der Mönche auf dem Disibodenberg, denn diese fürchteten verständlicherweise, dass die Bedeutung ihrer Abtei nach Hildegards Wegzug abnehmen könnte. Dennoch gelang es Hildegard, einflussreiche Helfer für ihr Vorhaben zu gewinnen, so dass die Rechtsgrundlage und die Finanzierung ihres Klosters gesichert war, allerdings erst nach vielen Auseinandersetzungen mit Abt Kuno, die auch nach dem Umzug noch andauerten. Teilweise war die finanzielle Not der Nonnen so groß, dass sie auf Almosen der Bingener Bevölkerung angewiesen waren. Die wirtschaftliche Lage des neuen Klosters veränderte sich von Grund auf, nachdem die visionäre Schrift Scivias vollendet war und große Beachtung fand. Jetzt pilgerten Scharen von Gläubigen zum Rupertsberg und die wirtschaftliche Existenz des Klosters wurde durch großzügige Schenkungen gesichert. In das Jahr 1165 fällt die Gründung eines Filialklosters in Eibingen bei Rüdesheim, das auch nichtadligen Nonnen zur Verfügung stehen sollte.

Reisen und Predigten

Im Alter von sechzig Jahren begab sich Hildegard auf ihre erste Predigtreise nach Mainz, Würzburg und Bamberg. Eine zweite

Reise führte über Trier nach Metz, eine dritte nach Köln und Werden an der Ruhr, die vierte und letzte nach Maulbronn, Hirsau, Kirchheim/Teck und Zwiefalten. Zum Zeitpunkt dieser letzten Reise war Hildegard zweiundsiebzig Jahre alt. Das Reisen war im Mittelalter sehr strapaziös und unsicher und Hildegard musste oft unwegsame Pfade zu Pferd zurücklegen. Sie predigte auf Märkten und vor Kirchenportalen und erreicht damit viele Menschen. Das gesprochene Wort hatte damals eine sehr viel größere Bedeutung als heute, denn nur besonders privilegierte Menschen konnten lesen und schreiben. Äußerst ungewöhnlich war allerdings, dass sich eine Frau in der Öffentlichkeit zu Wort meldete, denn nach der Auslegung des Paulus hatte die Frau in der Gemeinde zu schweigen. Sie durfte nicht im eigenen Namen lehren, denn das Predigtrecht war den männlichen Theologen vorbehalten. Doch die Tatsache, dass sie als Prophetin *allein im Namen Gottes* sprach, gab ihr die notwendige Autorität. Unterstützt wurde sie auch von Priestern und Bischöfen, die sie immer wieder um Rat gebeten haben. Dies ist umso so erstaunlicher, als sie in ihren Predigten stets mit aller Deutlichkeit die Verweltlichung des Klerus anprangerte, die Prunksucht, den Geiz und die Eitelkeit der Priester und die Korruption, die in kirchlichen Kreisen an der Tagesordnung war.

Ein eindrucksvolles Zeugnis für die Standhaftigkeit und Aufrichtigkeit dieser ungewöhnlichen Frau gibt eine Episode aus ihrem letzten Lebensjahr: 1178 war auf dem Klosterfriedhof ein exkommunizierter Edelmann beigesetzt worden, der sich kurz vor seinem Tod mit der Kirche versöhnt und die Heiligen Sakramente empfangen hatte. Da noch kein Verfahren zur offiziellen Aufhebung der Exkommunikation stattgefunden hatte, verlangte die Mainzer Kirchenbehörde, den Körper des Verstorbenen wieder auszugraben und in ungeweihter Erde zu bestatten. Hildegard weigerte sich, diese Anordnung zu befolgen, da sie den Schutz der Sakramente höher schätzte als das Kirchenrecht. Zur Strafe wurde ein Interdikt gegen ihr Kloster erhoben: Die Glocken mussten schweigen, die Nonnen durften keine Messfeiern mehr abhalten, der Gesang wurde untersagt.

Noch einmal erwachte die Kämpferin in Hildegard. Als ein eindringlicher Bittbrief an das Mainzer Domkapitel keinen Erfolg hatte, reiste die über Achtzigjährige nach Mainz. Aber auch hierdurch ließ sich die Amtskirche nicht erweichen. Es bedurfte noch mehrerer Interventionen, bis das Interdikt schließlich aufgehoben wurde. Wenige Monate danach stirbt Hildegard von Bingen im Jahre 1179.

Das heilende Prinzip
liegt in jedem Menschen
selbst verborgen

Hildegard von Bingen

Die Bedeutung von Gesundheit und Krankheit bei Hildegard von Bingen

Hildegard sah den Menschen eingebettet in die Ordnung des Kosmos. Zwar ist er das bedeutendste unter den Geschöpfen, weil er mit Vernunft begabt ist und aufgrund dessen am Bereich des Göttlichen teil hat. Andererseits braucht er zur Erhaltung des physischen und psychischen Gleichgewichts die Erde, aus der er gemacht ist. So halten die Weltkräfte „den Menschen zu seinem Wohle an, darauf Rücksicht zu nehmen, weil er ihrer bedarf, um nicht dem Untergang zu verfallen".[4] Der Mensch hat den Auftrag, mit der Natur zu wirken, weil er ohne die Natur weder leben noch bestehen kann. Mit „Natur" ist hier der gesamte Kosmos gemeint, einschließlich aller anderen Lebewesen, mit denen der Mensch eine innere Gemeinsamkeit hat: Der Mensch ist das Werk Gottes und steht als solches wie jede Kreatur mit ihm in Verbindung. Eine Welt, in welcher der Mensch die Natur unterjocht und ausbeutet, wäre für Hildegard undenkbar gewesen. Allerdings hat der Mensch aufgrund seiner Vernunft Handlungsfreiheit. Wenn er seine Macht missbraucht und das rechte Maß verliert, verursacht er ein Ungleichgewicht der äußeren Kräfte, das auf ihn zurückschlägt: Er erkrankt an Körper und Seele. Weil der Mensch auf die Natur und alle anderen Geschöpfe angewiesen ist, bedeutet ihre Zerstörung seine Selbstzerstörung.

---

4 Heinrich Schipperges, *De operatione Dei*, Seite 90

Hildegards Verständnis von Gesundheit und Krankheit ist nur vor dem Hintergrund ihrer ganzheitlichen Sicht des Menschen zu verstehen. Das innere Ordnungsgefüge der Schöpfung bestimmt alles Geschaffene und nur wenn der Mensch sich als Teil dieser Ordnung versteht und in ihrem Sinne handelt, ist Gesundheit möglich. So ist Hildegards Heilkunde gleichzeitig auch Lebenskunde. Sie betrifft den Umgang mit der Natur, Essen und Trinken, Arbeit und Ruhe, Wachen und Schlafen und alle Gemütsbewegungen des Menschen. Dabei ist er nicht nur für sein persönliches Glück verantwortlich, sondern auch für seine Mitmenschen, für die Umwelt, ja für das gesamte Universum.

Die Beziehung zwischen Körper und Seele spielt für Hildegard eine große Rolle. So wie Mensch und Natur in enger Wechselbeziehung stehen, beeinflussen sich auch Körper und Seele gegenseitig. Sie sind in ihrer Substanz zwar völlig verschieden, brauchen sich aber, um in der Welt schöpferisch tätig zu sein. Aus Hildegards Sicht ist das rechte Maß für ein harmonisches Zusammenwirken unerlässlich. Das betrifft sowohl die Bedürfnisse des Körpers als auch die der Seele. Ausdruck der Seele sind die Gedanken, Einstellungen und Handlungen des Menschen. Wie der Körper, der Nahrung aufnimmt, „kaut auch die Seele alles Tun des Menschen durch und übermittelt es dem Gedächtnis, auf dass nichts davon ohne innere Verarbeitung zurück bleibe... Und wie die Speise durch die Zähne zerkleinert wird, so schreibt auch die Seele mit ihrem Geisthauch die Werke des Menschen ein, sobald dieser sich mit ihnen auseinandersetzt. Was so eingeschrieben ist, sammelt sie im Denken, auf dass der Mensch erkenne, welcher Art sein Tun sei. ... Der Mensch kann von seinen Taten nichts vergessen, weil diese in seinen Gedanken... eingeschlossen aufbewahrt werden... die Gedanken sind gleichsam der Seele Schreibtäfelchen.“ [5] Nichts anderes lehrt uns heute die psychosomatische Medizin, die auf die Untrennbarkeit von

5 Heinrich Schipperges, *De operatione Dei*, Seite 1241

Psyche und Körper (griechisch: soma) hinweist und die Tiefenpsychologie, die um die Bedeutung des Unbewussten für das menschliche Handeln und die Gesundheit weiß. Wenn es zu körperlichen Symptomen aus seelischer Ursache kommt, hat sich, wie Sigmund Freud es ausdrückt, der rätselhafte Sprung aus der Seele in den Körper vollzogen. Was wir heute als Psychohygiene bezeichnen würden, als Grundlage für die seelische und körperliche Gesundheit, sind bei Hildegard die „Tugendkräfte". Man könnte sie auch als „positive Charaktereigenschaften" bezeichnen oder, wie wir es hier tun, als „heilsame Lebensmuster". Verliert der Mensch das rechte Maß, wird der Geist zum Mittel herabgewürdigt, das nur noch zur Befriedigung der „Laster" eingesetzt wird, der Leidenschaften und Triebe, dem Streben nach Macht, Ehre, Besitz und Genuss. In der Folge wird die Seele träge und der Körper krank. „Wo aber Leib und Seele in rechter Übereinstimmung miteinander leben, da erreichen sie in einmütiger Freude den höchsten Lohn."[6]

Heilmittel

Hildegards medizinische Schrift *Causae et curae* enthält eine Sammlung zeitgenössischer Heiltraditionen, die auf antiken Überlieferungen ebenso basiert wie auf Erfahrungen der Volks- und Klostermedizin. Sie beschreibt eine Vielzahl von Krankheitsursachen, körperliche Auswirkungen von seelischen Problemen sowie die Heilkraft von Pflanzen und Mineralien. Mehr als fünfhundert Rezepturen und Einzelbeschreibungen sind für den alltäglichen Gebrauch bestimmt: Aufkochungen und Umschläge, Pillen, Pulver und Salben.

Die Natur stellt dem Menschen eine unendliche Fülle von Heilmitteln zur Verfügung, aber wichtig ist, sie auf den Einzelfall bezogen anzuwenden, nach strengen Regeln und mit der gebotenen Umsicht. Es geht jedoch vollkommen an Hildegards ganzheit-

---

6 Heinrich Schipperges, *De operatione Dei*, Seite 80

licher Sichtweise vorbei, ihre Heilkunde allein auf Rezepte - sei es für Heilmittel oder Ernährung - zu reduzieren, wie das heute vielfach geschieht. Keine Arznei wird anschlagen, wenn der Kranke nicht bereit ist, auch auf eine natürliche, vernünftige Lebensweise zu achten. Was Hildegard für „unvernünftig" hält, demonstriert sie uns an folgendem, heute sehr aktuellen Beispiel: Von der „Sorge um das Irdische" (cura terrenorum) getrieben, gleichen manche Leute auch jenen irrenden Geistern, „die immer nur dahinrasten". Solche Menschen geraten ständig ins Schwitzen und erleiden eine Unrast an Leib und Seele, auch wenn sie noch so sehr „versuchen, sich an diesem hektischen Zustand zu erquicken, so als wäre dieser die höchste Ruhe".[7]

Hildegards „Tugenden und Laster" sind also ein Leitbild für die Ordnung in der Welt. Sie haben eine therapeutische Funktion und bilden einen wichtigen Bestandteil ihres Heilmittelkatalogs. Hildegard betont ausdrücklich, dass eine vernünftige Lebensweise nicht mit einem beengten und von starren Regeln bestimmten Lebensablauf identisch ist. Vielmehr geht es darum, ein Leben zu führen, in dem Körper und Seele zu ihrem Recht kommen. Der wahre Arzt ist also der, der mit Barmherzigkeit und Zuwendung nicht nur die Krankheit des Körpers behandelt, sondern immer auch das „Heil der Seele" im Auge behält.

7 Heinrich Schipperges, *De operatione Dei*, Seite 85

Die Symbole

Die Entschlüsselung der Symbole

Um die Wirkung der einzelnen Symbole zu entschlüsseln, beschritten wir drei Wege. Erstens bedienten wir uns des Muskeltests aus der Angewandten Kinesiologie. Zweitens fühlten wir uns intuitiv in das jeweilige Symbol ein und versuchten, seine Wirkung durch „Schauen“ in der Meditation zu erfassen, und drittens befragten wir ein Medium.

Der Muskeltest

Seit fast zehn Jahren, waren wir beratend beziehungsweise therapeutisch tätig und setzten den Muskeltest aus der Angewandten Kinesiologie täglich ein. Er war unser „Handwerkzeug“, das wir beherrschten und schätzten und dem wir vertrauten. Es lag also nahe, dieses Handwerkszeug auch für die Entschlüsselung der „unbekannten Buchstaben“ zu verwenden.

Angewandte Kinesiologie ist eine Methode, die um 1960 in den USA begründet wurde. Der Chiropraktiker Dr. George Goodheart entwickelte sie gemeinsam mit anderen Medizinern. Goodheart ergänzte sein schulmedizinisches Wissen über den menschlichen Körper um Wissen aus der traditionellen chinesischen Medizin und der Akupunkturlehre. Neues Wissen aus dem Westen und altes Wissen aus dem Osten gehen in der Angewandten Kinesiologie eine einzigartige Verbindung ein.

Goodheart beobachtete, dass sich physische und psychische Vorgänge im Menschen ebenso wie alle äußeren Einflüsse unter anderem im Funktionszustand seiner Muskeln widerspiegeln. Auf der Grundlage dessen entwickelte er den Muskeltest, der einfach und präzise – ohne technische Geräte – Informationen darüber gibt, was einen Menschen stärkt oder schwächt, wo Ungleichgewichte im Muskel- und Energiesystem vorliegen und wie sich Stressfaktoren und emotionale Belastungen jeder Art auf den ganzen Organismus auswirken. Um diesen Stress abzubauen und ein eventuell bestehendes Ungleichgewicht zu korrigieren, bietet die

Kinesiologie eine Fülle von Hilfen und Unterstützungen an, zum Beispiel das Berühren von bestimmten Punkten am Körper, Reflexzonenmassage, spezielle Körperübungen und geistige Techniken wie das Visualisieren. Wir haben in diesem Fall ausschließlich die Symbole als unterstützende Hilfe verwendet, denn es ging uns ja darum, ihre Wirksamkeit zu erfassen.

Der Begriff Kinesiologie ist von dem griechischen Wort kinesis abgeleitet und bedeutet „Lehre von der Bewegung". Es geht um Körperbewegungen und um die Bewegungen der Muskeln, doch der Begriff ist umfassender zu verstehen. Alles im menschlichen Körper ist ständig im Fluss: die Flüssigkeiten, die Atmung und die Lebensenergie. Bewegung im kinesiologischen Sinne meint auch die geistige Beweglichkeit, das emotionale Bewegtsein und die Beziehungen der Menschen untereinander und zur Umwelt. Dahinter steht die Philosophie: Bewegung ist Leben und Leben ist Bewegung im Sinne von Entwicklung, Wandel und Wachstum. Die Kinesiologie erfasst den Menschen in seiner Ganzheit, auf allen Ebenen, ist also ein wahrhaft ganzheitliches System.

Hier werden die Parallelen zu Hildegards Welt- und Menschenbild deutlich. Auch sie sah den Menschen als eine geistig-körperliche Ganzheit, als einen Teil der Schöpfung, der in die Kräfte der Elemente eingebettet ist.

Mit dem kinesiologischen Muskeltest wird die Reaktion eines Muskels getestet, seine Fähigkeit, einem leichten Druck standzuhalten oder eben nicht standzuhalten, sondern nachzugeben. Dabei übt der Tester oder die Testerin leichten Druck auf einen Arm oder ein Bein der Testperson aus. Zum Testen kann irgendein Muskel benutzt werden, der dann Indikatormuskel genannt wird.

Als praktisch zu testen haben sich die beiden Deltamuskeln im Schultergelenk bewährt, der Deltoideus auf der Körperrückseite und der Deltoideus anterior auf der Körpervorderseite. Um den Deltoideus zu testen, bittet man die Testperson, einen Arm waagerecht zur Seite auszustrecken. Zum Testen des Deltoideus anterior

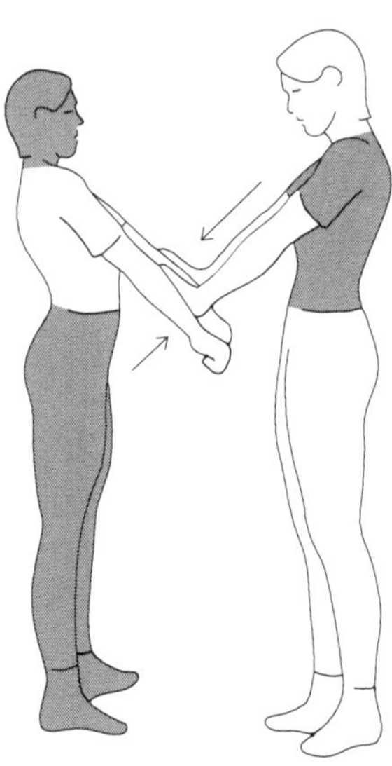

werden die Arme nur leicht angehoben (siehe Abbildung). Ich teste meist den Deltoideus anterior, weil man ihn auch im Sitzen oder im Liegen testen kann. Ich bevorzuge allerdings die Gesprächsposition, in dem sich beide Personen gegenübersitzen.

Ein Muskel, der dem Druck zunächst standhalten kann, wird nachgeben, wenn die Testperson irgendeinem Stressfaktor ausgesetzt ist. (Mehr über den Muskeltest und Hinweise für seine praktische Anwendung finden Sie im Anhang.)

Nachdem wir mit unserer Entschlüsselungsarbeit begonnen hatten, nutzten wir zunächst solche harmlosen aber unangenehmen körperlichen Symptome, die wir zum Zeitpunkt unserer Treffen bei uns selbst vorfanden, wie Nackenschmerz, Kopfschmerz, Schwellung, Schmerz am Ellbogen und Halsschmerz. Wir beschäftigten uns also eingehend mit diesen Symptomen, versuchten sie zu ergründen und herauszufinden, ob uns eines unserer Symbole dabei helfen könnte. Andere Ausgangspunkte waren eigene Probleme und Konflikte, in persönlichen Beziehungen, im Beruf oder im Alltag. Später fanden wir in Hildegards Liste der Laster und Tugenden Themen, die wir bei uns selbst abbauen beziehungsweise fördern wollten. Der erste Schritt zur Entschlüsselung der Symbole bestand also darin, das Thema festzulegen.

Im zweiten Schritt versuchten wir, das Thema (das Problem, den Konflikt, das Symptom, das krank machende Lebensmuster) so umfassend und gründlich wie möglich auf allen Ebenen zu erfassen. Das heißt, wir gingen der Sache auf den Grund, wir forschten nach dem ursächlichen Konflikt, der die Schmerzen und Symptome erklären konnte. Wir führten Muskeltests auf allen Ebenen durch: auf der körperlichen, der energetischen, der emotionalen und der mentalen.

Als dritten Schritt testeten wir ein Symbol aus, das uns bei diesem Thema unterstützen konnte. Zum Überprüfen wiederholten wir einen der Vortests, während wir das Symbol betrachteten. Wenn der Arm, der vorher nachgegeben hatte, nun halten konnte, hatten wir das „heilende" Symbol gefunden.

Im vierten Schritt ließen wir das Symbol eine bis zwei Minuten lang auf uns wirken - meistens indem wir es betrachteten -, während wir in Gedanken mit dem Thema in Kontakt waren.

Im letzten Schritt wiederholten wir alle Eingangstests. Im Idealfall testeten alle Muskel „stark", die vorher „schwach" getestet hatten.

Intuitives Erfassen und Spüren

Dies geschah durch einfaches Betrachten eines Symbols, durch Auflegen der Hände und Einfühlen in das Symbol und, soweit es uns gegeben ist, auch durch das bescheidene „Schauen" in der Meditation. All das brachte ebenfalls ganz erstaunliche Ergebnisse: Bilder, Gefühle und intuitive Gedanken zu den einzelnen Symbolen.

Befragen eines Mediums

Obwohl wir beachtliche Fortschritte machten, spürten wir, dass wir das Potenzial, das in diesen Symbolen verborgen war, noch längst nicht ausgeschöpft hatten. Deshalb baten wir das Medium Gisela Keul um weitere Informationen für unsere Arbeit. Ihre Durchsagen zeigten uns völlig neue Wege auf, die wir selbst nie entdeckt hätten. Wir bekamen ergänzende Informationen zu einzelnen Symbolen und darüber hinaus ausführliche Hinweise für weitere Anwendungsmöglichkeiten: die Übertragung der Schriftzeichen auf den Namen und die Arbeit mit dem „Kosmischen Persönlichkeitsdreieck". (siehe S. 92 - 100).

An dieser Stelle danke ich allen, die uns mit Ideen und Informationen unterstützt haben. Wir haben all das verwendet, was wir selbst nachprüfen und nachempfinden konnten. Ich bin mir aber auch im Klaren, dass Worte nur unzureichend das ausdrücken können, was die umfassende Information der Symbole beinhaltet. Ihre Stärke liegt in der nicht-verbalen Wirkung, die bei jedem Menschen anders sein kann.

Schlüsselthemen

a	Vorbild sein
b	Das Leben meistern
c	Das eigene Wollen stärken
d	Mit Zuversicht in die Zukunft schauen
e	Sich seines Selbst bewusst sein
f	Allumfassende Liebe
g	Das Herz öffnen
h	Durch Dunkelheit zum Licht
i	Gegensätzliches in Einklang bringen
k	Die Lösung erkennen
l	Gelassenheit und innerer Frieden
m	Göttliche Heilkraft, Universalkraft, Lebenskraft

n		Fest im Leben stehen
o		Freude und Lust am Leben
p		Das Leben lieben, den Nächsten und sich selbst
q		Frieden stiften
r		In Hoffnung und Vertrauen leben
s		Schöpferisch und erfolgreich sein
t		Herausforderungen mit Mut und Ausdauer begegnen
u		Ein Herz für sich selbst haben
x		Wandlung und Wachstum
y		Mit der Quelle verbunden sein
z		Den Sprung ins Ungewisse wagen
et est		So sei es

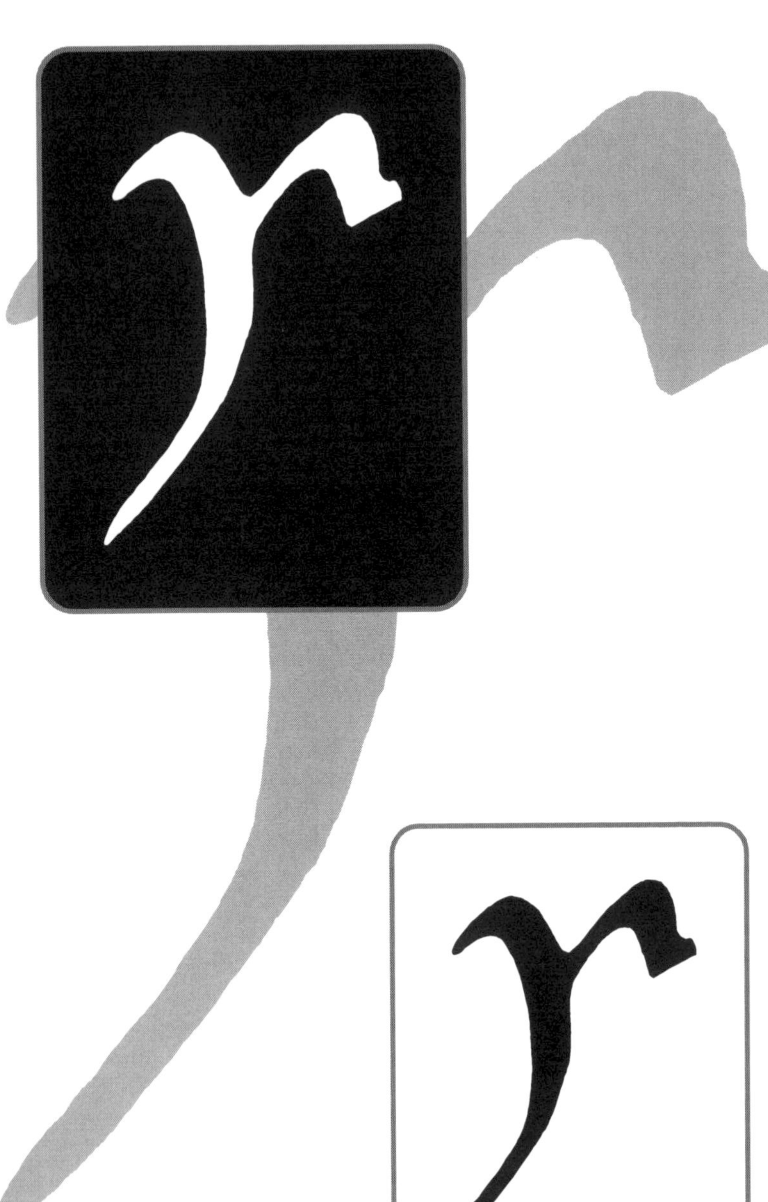

a

Vorbild sein

Krankmachende Lebensmuster	Heilsame Lebensmuster
Machtstreben, Unnachgiebigkeit, Manipulation, Unterdrückung, Kritiksucht, Täuschung, Gehorsam fordern, Meinung überstülpen, missionarischer Eifer, Helfersyndrom, dominant, kontrollierend, hochmütig, eitel, verurteilend, gefühllos, emotionslos, heimtückisch.	Selbstbestimmung, Kompetenz, Die weise Führerin, der „gute Hirte", mit den eigenen Gefühlen, Handlungen und mit dem Göttlichen in Einklang sein; persönliche und natürliche Autorität, Vorbild sein, Selbstakzeptanz, anderen helfen, ihren Weg zu finden, liebevoll, freundlich, zugewandt, lebensfroh.

Hildegard

■ Strenge, Härte (acerbitas)	■ Hochherzigkeit (vera largitas)
■ Lüge (fallacitas)	■ Wahrheit, Aufrichtigkeit (veritas)
■ Ruhmsucht, Stolz (inanis gloria)	■ Gottesfurcht (timor domini)

Positive Lebensprogramme

Ich bin im Einklang mit mir selbst,
meinen Gefühlen, meinen Handlungen.
Ich bin in Einklang mit dem göttlichen Willen.
Die Verantwortung für mein Handeln liegt allein bei mir.
Ich helfe anderen, ihren Weg zu finden und zu gehen.
Ich achte die Würde anderer,
und bin mir meiner eigenen Würde bewusst.

b

Das Leben meistern

Krankmachende Lebensmuster

Unsicherheit, Hilflosigkeit, Schwäche,Energielosigkeit, Lebensüberdruss, Mangel an Eigeninitiative, Mangel an Widerstandskraft, Ängste, schwankend, zweifelnd, überfordert.

Heilsame Lebensmuster

konzentriert, aufmerksam, den Überblick behalten, zugewandt, Sicherheit, Entschlossenheit, Mut, Zuversicht, Vertrauen, Hoffnung, Lebensfreude, Manifestation von Gedankenkraft.

Hildegard

- Trägheit, Erstarrung (torpor)
- Verzweiflung (desperatio)
- Weltschmerz (tristitia saeculi)

- Tapferkeit, Stärke, Mut, Energie (fortitudo)
- Hoffnung (spes)
- himmlische Freude (coeleste gaudium)

Positive Lebensprogramme

Ich schaffe es!
Ich meistere mein Leben.
Ich vertraue darauf, dass ich meinen Weg finde.
Ich glaube an meine Kraft.
Ich weiß, was mir gut tut.
Ich entscheide mich für das Leben.

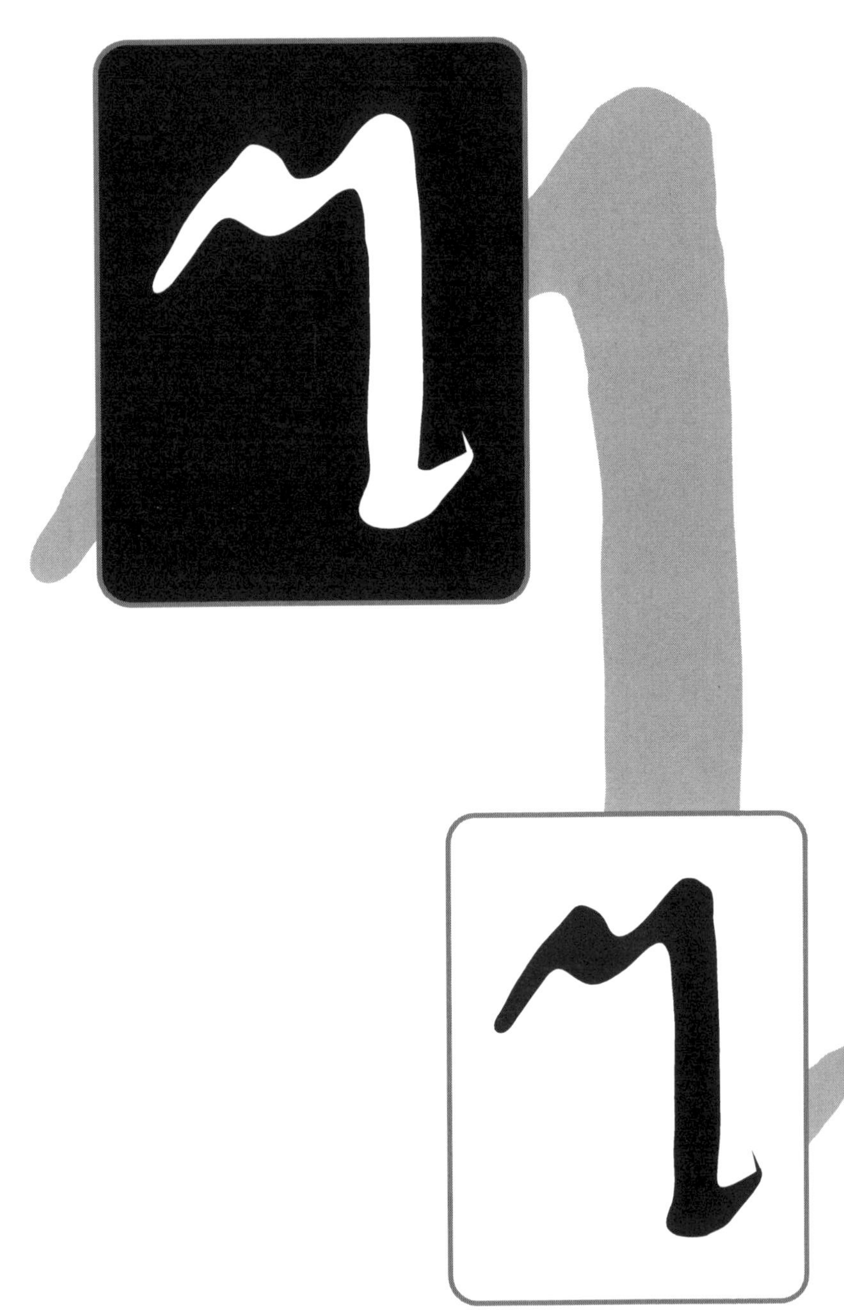

C

Das eigene Wollen stärken

Krankmachende Lebensmuster

Resignation, Beeinflussbarkeit, Unsicherheit, Handlungsunfähigkeit, Wankelmut, Angst vor Macht, Selbstzweifel, Verhaftungen und Verstrickungen, Ohnmachtsgefühle, Fremdbestimmtheit, Willensschwäche, Unterwürfigkeit.

Heilsame Lebensmuster

Sicherheit, Entschlossenheit, Zuversicht, Willenskraft, innere Stärke, Befähigung zum Handeln, Durchsetzungskraft, Verwirklichung des Potentials, Umsetzung von Ideen und Plänen, Kraft für den Start eines Projekts, Lebensenergie, charismatische Ausstrahlung, Überzeugungskraft, schöpferische Kraft, auf eigenen Beinen stehen.

Hildegard

- Trägheit, Feigheit, Resignation (ignavia)
- Bequemlichkeit, Trägheit, Erstarrung (torpor)
- Unbeständigkeit, Wankelmut (inconstantia)

- göttliche Sieghaftigkeit (divina victoria)
- Mut, Energie (fortitudo)
- Beständigkeit (constantia)

Positive Lebensprogramme

Ich verfolge mutig meine Ziele.
Ich weiß, was ich will.
Ich stehe zu meinen Entschlüssen.
Ich bin entschlossen, das zu tun, was mir am Herzen liegt.

d

Mit Zuversicht in die Zukunft schauen

Krankmachende Lebensmuster

Festhalten an seelischen Verletzungen, Verzweiflung, Enttäuschung, Hoffnungslosigkeit, Traurigkeit, Zweifel, Ungeduld, Schwere, Entfremdung, Bedauern, Verzagtheit, Gespaltenheit; Gefühl, nicht am richtigen Platz zu sein.

Heilsame Lebensmuster

Zuversicht, Optimismus, Vertrauen, Geduld, Eins-Sein, Weitblick, heitere Gelassenheit, Leichtigkeit, Hoffnung; die Fähigkeit loszulassen; Vertrauen, den richtigen Platz zu finden (im Leben, im Beruf).

Hildegard

- Verzweiflung (desperatio)
- Verbitterung (acerbitas)
- Feigheit, Resignation (ignavia)

- Hoffnung (spes)
- Hochherzigkeit (vera largitas)
- göttliche Sieghaftigkeit (divina victoria)

Positive Lebensprogramme

Ich lasse meine Zweifel los und vertraue.
Es kommt wie es kommt – es ist wie es ist.
Ich vertraue darauf, dass zur richtigen Zeit das Richtige kommt.
Ich lasse meine (alten) seelischen Verletzungen los.
Ich schaue mit Zuversicht / Optimismus in die Zukunft.

e

Sich seines Selbst bewusst sein

Krankmachende Lebensmuster

Unsicherheit, Feigheit, Resignation, Minderwertigkeitsgefühle, Mangel an Selbstvertrauen, Passivität, Verzetteln, Zaghaftigkeit, Niedergeschlagenheit, Tendenz sich abzuwenden, introvertiert, misstrauisch.

Heilsame Lebensmuster

Sicherheit, Urvertrauen, Selbstbewusstsein, Zielgerichtetheit, Selbstausdruck, innere Stärke, Begeisterungsfähigkeit.

Hildegard

- Resignation, Trägheit, Feigheit (ignavia)
- Bequemlichkeit (torpor)
- Unglücksseligkeit (infelicitas)

- göttliche Sieghaftigkeit (divina victoria)
- Mut, Energie (fortitudo)
- Glückseligkeit (beatitudo)

Positive Lebensprogramme

Ich glaube an mich und meine Fähigkeiten.
Ich spüre meine innere Stärke
Leicht und sicher treffe ich Entscheidungen,
die meinem Wohlergehen dienen.
Meine Meinung ist wichtig.
Ich vertrete selbstbewusst meinen Standpunkt.
Ich trete sicher auf. Ich bin mir meines Selbst sicher.

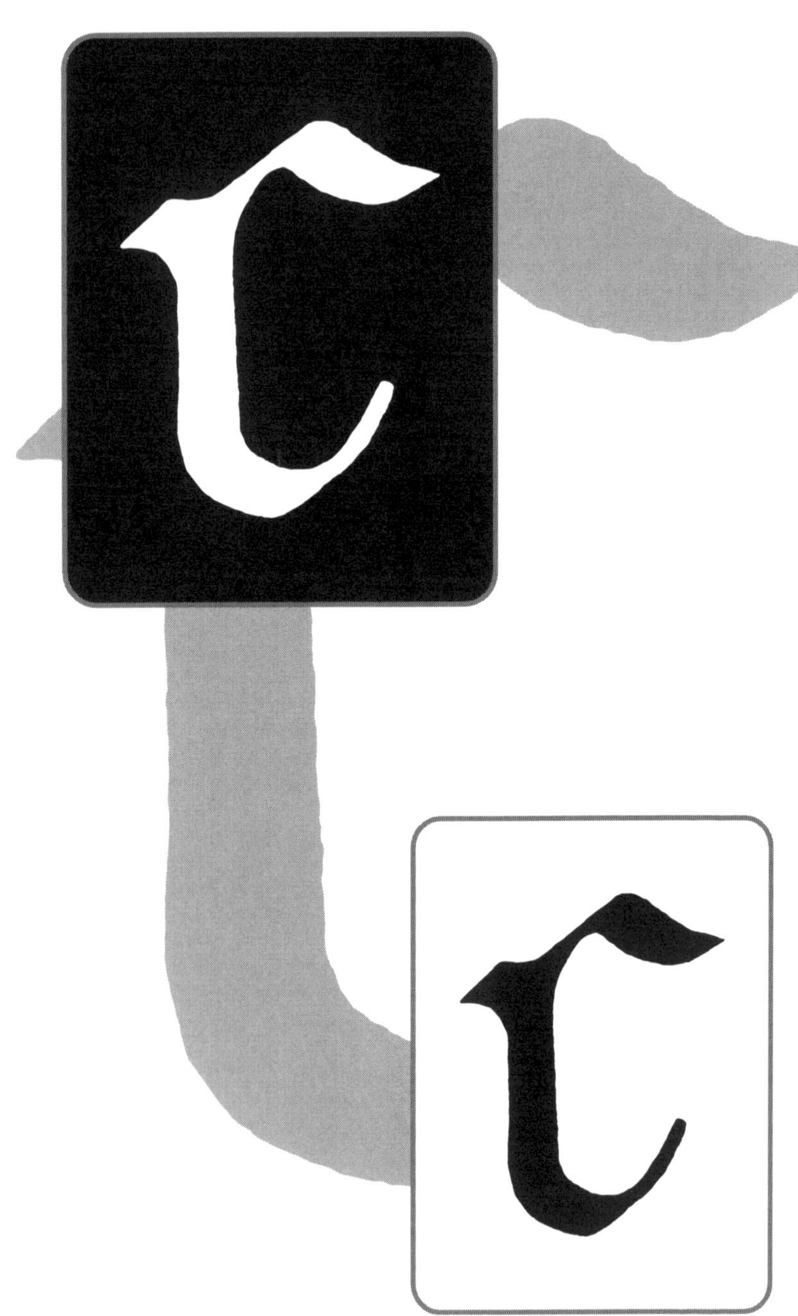

f

Allumfassende Liebe

Krankmachende Lebensmuster

Existenzangst, Mutlosigkeit, Habsucht, materielles Denken, Egoismus, Unzufriedenheit, Gier, Hartherzigkeit, Völlerei, Geiz, Unruhe, Unrast, Angst etwas zu versäumen, Angst zu kurz zu kommen, sich nicht beachtet fühlen, oberflächlich, beleidigt, Festsitzen im Kopf (Glaubensmuster/Strukturen).

Heilsame Lebensmuster

Liebe zum Leben, Mitgefühl, selbstlose Liebe, Gottesliebe, Liebe zur Schöpfung, spirituelles Wachstum, Fürsorge, Lebendigkeit, Sicherheit, Vertrauen, Glückseligkeit, Warmherzigkeit, Zufriedenheit, Gelassenheit, Humor.

Hildegard

- Sorge für das Irdische (cura terrenorum)
- Weltliebe (amor saeculi)

- Maßlosigkeit (immoderatio)
- Habsucht, Genusssucht (cupiditas)
- Geiz, Besitzgier (avaritia)

- Sehnsucht nach Himmlischem (caeleste desiderium)
- heilige himmlische Liebe (amor caelestis)
- das rechte Maß (discretio)
- Gleichgültigkeit gegenüber Irdischem (contemptus mundi)
- Genügsamkeit, wahre Zufriedenheit (sufficienta)

Positive Lebensprogramme

Es ist alles da, was ich brauche.
Gott sorgt für mich.
Ich liebe das Leben, ich liebe mein Leben.
Der Mensch lebt nicht vom Brot allein.
Mein Leben ist erfüllt und lebendig.
Meine Augen sehen mit der Liebe des Herzens.

g

Das Herz öffnen

Krankmachende Lebensmuster

Unbeweglichkeit, Unsicherheit, Unmotiviertheit, Apathie, Leere, Schwermut, Interesselosigkeit, Oberflächlichkeit, Stolz, Hochmut, Verständnislosigkeit, Dumpfheit, Selbstbezogenheit, Undankbarkeit, Sorge, Pessemismus,unflexibel,eingekapselt, misstrauisch,verspannt, gelangweilt, depressiv.

Heilsame Lebensmuster

interessiert, heiter, aufgeschlossen, zugewandt, aufmerksam, selbstbewusst, mentale Wachheit, Begeisterungsfähigkeit, Dankbarkeit, Herzensöffnung, Weichheit, Wärme, Toleranz, Leichtigkeit.

Hildegard

- Unglückseligkeit (infelicitas)
- Trägheit/Erstarrung (torpor)
- Weltschmerz (tristitia saeculi)

- Glückseligkeit (beatitudo)
- Mut/Energie (fortitudo)
- Himmlische Freude (coeleste gaudium)

Positive Lebensprogramme

Das Leben ist schön und voller Überraschungen.
Ich bin aufgeschlossen für Neues.
Neue Aufgaben fordern mich heraus.
Ich bin von Dankbarkeit erfüllt.
Ich freue mich über meine guten Leistungen.

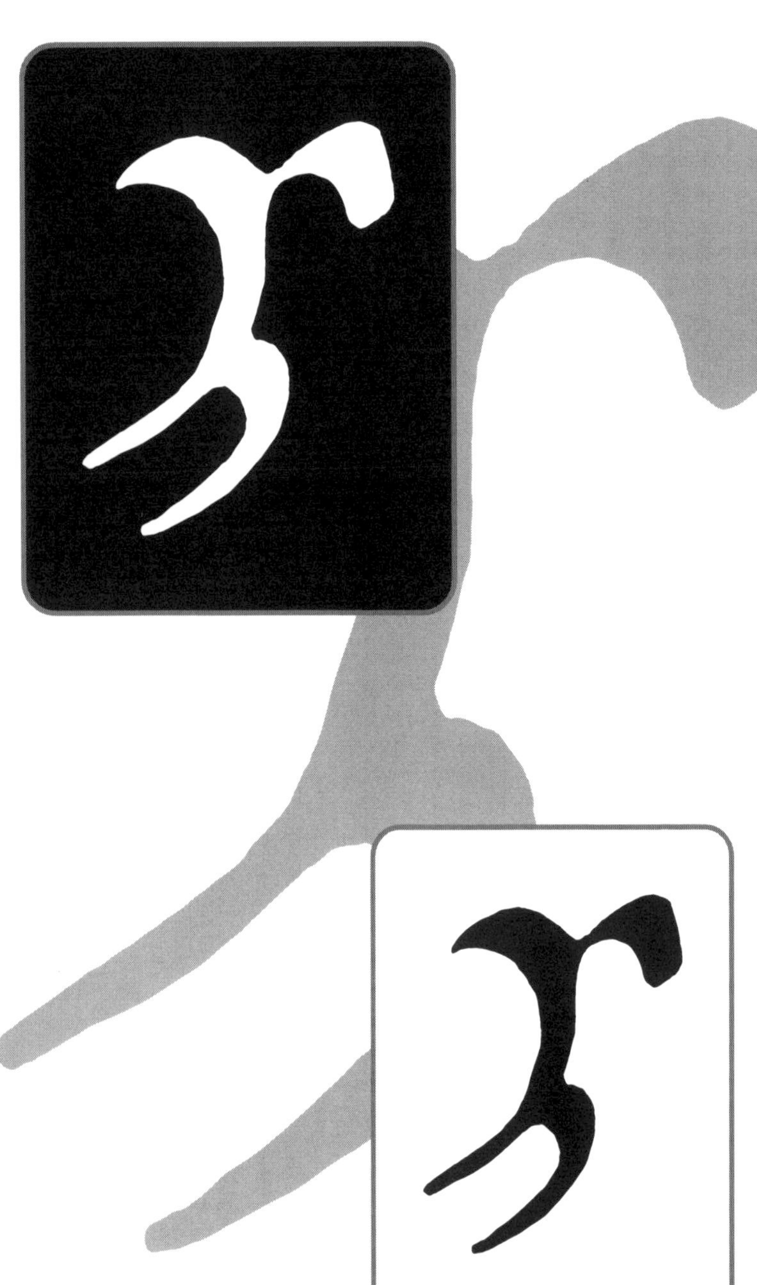

h

Durch Dunkelheit zum Licht

Krankmachende Lebensmuster

Trauer, "die dunkle Nacht der Seele", Trübsinn, Melancholie, Bedauern, unterdrückte Tränen, Schwere, Selbstbetrug, Intoleranz; Tendenz, die Augen vor Dingen zu verschließen; Probleme mit Luxus, Minderwertigkeitsgefühle, abgekapselt, verschlossen, wie in Ketten.

Heilsame Lebensmuster

Lachen, Erkenntnis, Selbsterkenntnis, befreiende Tränen; etwas ans Licht bringen, durchschauen, berechenbar machen, verdeutlichen; Genussfähigkeit, Schutz vor Negativität, sich abgrenzen können, den eigenen Raum schützen.

Hildegard

- Unglückseligkeit (infelicitas)
- Verlorenheit der Seele (perditio animarum)
- Verzweiflung (desperatio)
- Weltschmerz (tristitia saeculi)

- Glückseligkeit (beatitudo)
- Erettung der Seele (salvatio animarum)
- Hoffnung (spes)
- Himmlische Freude (coeleste gaudium)

Positive Lebensprogramme

Ich lasse meine Traurigkeit los.
Ich darf weinen.
Ich schaue mit Freude in die Zukunft.
Ich genieße die Annehmlichkeiten meines Lebens.
Das Leben ist schön!
Ich beanspruche meinen Lebensraum.
Ich bin frei!

i

Gegensätzliches in Einklang bringen

Krankmachende Lebensmuster

Verbitterung, innere Verhärtung, Ängste, Problem mit Entscheidungen, instabil, schwankend, Wankelmütigkeit, Unklarheit, Zwiespältigkeit, vom Leben enttäuscht, resigniert, verletzt, unglücklich, Unzufriedenheit, Freudlosigkeit, Engherzigkeit, Feigheit

Heilsame Lebensmuster

Sich öffnen für himmlische Kräfte; Fähigkeit, spirituelles Wissen auf die Erde zu bringen und nutzbringend einsetzen; Integration von männlichen und weiblichen Anteilen, Verbindung von Gegensätzen, Versöhnungsbereitschaft, Balance zwischen Gefühl und Verstand, Verantwortung für das eigene Leben übernehmen, innere Stärke, Aussöhnung mit dem Schicksal, sich Menschen öffnen,versöhnen, innere Stabilität,Großherzigkeit.

Hildegard

- Unbeständigkeit, schwankend (inconstantia)
- Hartherzigkeit (obstinatio)
- Umbarmherzigkeit (obduratio)
- Strenge, Härte (acerbitas)

- Beständigkeit (constantia)
- Reue (compunctio cordis)
- Barmherzigkeit (misericordia)
- Hochherzigkeit (vera largitas)

Positive Lebensprogramme

Ich finde meinen Platz in einer Gruppe.
Ich weiß wohin ich gehöre.
Ich bin bereit zur Versöhnung mit....
Ich übernehme Verantwortung für mein eigenes Wohlergehen / mein Leben / meine Gefühle, Gedanken....
Ich bin erfüllt von Licht.
In mir ist Spirituelles und Materielles in Einklang.

k

Die Lösung erkennen

Krankmachende Lebensmuster	Heilsame Lebensmuster
Ängste aller Art, Angst vor Überforderung, Angst vor der Zukunft, Angst Überholtes und Überflüssiges los zu lassen (Menschen, Dinge), Arroganz, Zweifel, nicht die Tatsachen sehen wollen, desinteressiert, gleichgültig, misstrauisch, mürrisch, unfreundlich, stur.	Vertrauen in die Zukunft, kraftvoll, Freude, Abenteuerlust, den Dingen auf den Grund gehen, hinter die „Fassaden" schauen, Bereitschaft loszulassen, Aufgeschlossenheit, Einsichtigkeit, Interesse, Wahrnehmumgsfähigkeit, Weitsichtigkeit, Hellsichtigkeit, hellfühlend.

Hildegard

■ Unglaube (infidelitas)	■ Glaube (fides)
■ Verzweiflung (desperatio)	■ Hoffnung (spes)
■ Trägheit, Erstarrung (torpor)	■ Mut, Energie (fortitudo)

Positive Lebensprogramme

Ich bin bereit, mich mit meinen Schattenseiten zu beschäftigen
Ich lasse meine alten Gewohnheiten los.
Ich spüre immer mehr Freude am Leben.
Ich schaue vertrauensvoll in die Zukunft.
Ich vertraue dem Fluss des Lebens.

1

Gelassenheit und innerer Frieden

Krankmachende Lebensmuster

Frustration, Unzufriedenheit, Gereiztheit, Groll, Intoleranz, Hochmut, Überheblichkeit, Stressanfälligkeit, Ärger, Wut, schlechte Laune, Ungeduld, Verbitterung, Härte, Festhalten an der Vergangenheit, Neid, Missgunst, abweisend.

Heilsame Lebensmuster

Zufriedenheit, Gelassenheit, Geborgenheit, Harmonie, Toleranz, Demut, Geduld, Großherzigkeit, Großzügigkeit, Vorurteilslosigkeit, Unbeschwertheit, Leichtigkeit, innere Freiheit, Gegenwartsbezogenheit.

Hildegard

- Zorn, Wut (ira)
- Verbitterung, Strenge, Härte, Unfreundlichkeit (acerbitas)
- Hochmut, Egozentrik (superbia)
- Unglückseligkeit (infelicitas)

- Geduld, Ausdauer (patientia)
- Hochherzigkeit (vera largitas)
- Demut (humilitas)
- Glückseligkeit (beatitudo)

Positive Lebensprogramme

Ich akzeptiere andere wie sie sind.
Ich bin mit mir und anderen tolerant.
Leben und leben lassen.
Ich bewerte und kritisiere mich und andere nicht länger.
Ich bin in Einklang mit mir selbst.

m

Göttliche Heilkraft
Universalkraft
Lebenskraft

Schutz – Stärkung – Zentrierung

Geborgenheit, Getragenwerden in allen Lebenslagen,
die Heimat in sich selbst und in der Welt finden.
Dieses Zeichen enthält die vier Himmelsrichtungen und die vier Elemente (Feuer/Wasser/Erde/Luft) und damit alles, was Gott zum Wohlergehen des Menschen und zu seinem Schutz geschaffen hat.[8]

Anwendungsbereiche

Entstörung von technischen Geräten (Computer/Mobiltelefone und andere), Stromentstörung, Schutz vor negativen Einflüssen (emotional, mental, energetisch) und vor Symptomübertragungen, Verbesserung der Wasserqualität.

Positive Lebensprogramme

Ich bin zu jeder Zeit an jedem Ort in meiner Kraft.
Mein inneres Licht leuchtet hell und klar.
Ich bin in meiner Mitte.
Ich bin geschützt vor...........
Ich ruhe in mir selbst.
Ich bin in Gott, Gott ist in mir.

---

8 In Hildegards Weltbild spielen die Elemente eine große Rolle, sie durchdringen die gesamte Schöpfung und halten diese zusammen. Der Mensch als Mikrokosmos ist ein Abbild davon. „Vom Feuer besitzt er die Wärme, von der Luft den Atem, aus dem Wasser sein Blut und aus der Erde die festen Gewebe – vom Feuer hat er das Sehen, durch die Luft das Hören, aus dem Wasser die Beweglichkeit und durch die Erde seinen festen Gang. Und in aller Welt herrscht üppiges Gedeihen, wenn die Elemente ihre Aufgaben ordnungsgemäß erfüllen." (H.Schipperges, *Hildegard von Bingen*, S. 47) Zu diesem Symbol siehe auch Seite 86 u. 116.

O

Freude und Lust am Leben

Krankmachende Lebensmuster

Mangelndes Vertrauen in die eigenen Fähigkeiten, übermäßige Rücksichtnahme auf andere, falsche Bescheidenheit, Groll, übertriebene Selbstkritik, Kritik an Gott, Gottvergessenheit, Traurigkeit („Kloß im Hals“), Versagensängste, Depression, Ekel, Angst vor Verschmutzung auf allen Ebenen.

Heilsame Lebensmuster

Selbstvertrauen, Selbstausdruck, Lebensfreude, Lust, Lachen, Vertrauen in die eigenen Fähigkeiten, der Botschaft der Seele folgen; Mut, das eigene Potenzial zum Ausdruck zu bringen und Bedürfnisse zu äußern; innere Harmonie, Gottvertrauen, Versöhnlichkeit, Reinigung, Befreiung.

Hildegard

- Unglückseligkeit (infelicitas)
- Gottvergessenheit (oblivio)
- Weltschmerz (tristitia saeculi)

- Glückseligkeit (beatitudo)
- Heiligkeit (sanctitas)
- Himmlische Freude (coeleste gaudium)

Positive Lebensprogramme

Ich erlebe und verdiene Freude in meinem Leben.
Ich singe mein eigenes Lebenslied.
Ich stehe zu mir und zu meinen Fähigkeiten.
Ich bringe mein Potenzial zum Ausdruck,
meine Bedürfnisse, meine Meinung.
Ich bin in meiner Kraft.
Ich bin Gottes Geschöpf.

P

Das Leben lieben, den Nächsten und sich selbst

Krankmachende Lebensmuster

Eifersucht, enttäuschte Liebe, Ungeduld, Sorgen, Unsicherheit, in der Vergangenheit leben, an der Vergangenheit festhalten, Ängste vor Krankheiten; Unfähigkeit, Liebe anzunehmen; Unentschlossenheit, Strenge, Kritiksucht, mürrisch, verhärtet, stur, unflexibel

Heilsame Lebensmuster

Warmherzigkeit, Urvertrauen, Liebesfähigkeit; Entschlossenheit, mutig eigene Ziele zu verwirklichen; Geduld; Fähigkeit, in der Gegenwart zu leben und die Vergangenheit loszulassen; Bereitschaft, das Herz für andere zu öffnen; Bereitschaft, Liebe anzunehmen; Selbstliebe, Offenheit für die Nöte anderer, anderen einen guten Rat geben können, Gerechtigkeit, Großherzigkeit.

Hildegard

- Verbitterung, Unfreundlichkeit (acerbitas)
- Bequemlichkeit, Trägheit (torpor)

- Hochherzigkeit (vera largitas)
- Stärke, Mut (fortitudo)

Positive Lebensprogramme

Ich liebe das Leben, ich liebe mein Leben.
Ich verdiene es, geliebt zu werden; ich bin liebenswert.
Ich öffne anderen mein Herz und mir selbst.
Ich bin entschlossen, Dinge zu tun, die mir wichtig sind.
Ich lasse die Vergangenheit los, ich lebe im Jetzt.
Ich vergebe mir und anderen.

9

Frieden stiften

Krankmachende Lebensmuster

Unzufriedenheit, Festhalten an materiellem Besitz, Begierde, Kauflust, Genusssucht, Überlagerung der Spiritualität von materiellem Denken, Neid, Streitsucht, Rechthaberei, Misstrauen, Dumpfheit, aggressives Verhalten, Empfindlichkeit gegenüber Kritik.

Heilsame Lebensmuster

Friedfertigkeit, Fähigkeit, Frieden zu stiften, Toleranz, beschützend, Loslassen von Verhaftungen an materiellen Besitz, „Ballast" abwerfen, Genügsamkeit, Zufriedenheit, Gelassenheit, ausgleichend, Offenheit für die Meinungen anderer; Bereitschaft, die eigenen Schattenseiten anzuschauen; sich für Licht öffnen

Hildegard

■ Neid, üble Nachrede (invidia)	■ Nächstenliebe (charitas)
■ Gottvergessenheit (oblivio)	■ Heiligkeit (sanctitas)
■ Streitsucht, Streitlust (contentio)	■ Friede, Zufriedenheit (pax)
■ Geiz,Besitzgier (avaritia)	■ Genügsamkeit (sufficientia)
■ Zwietracht (discordia)	■ Eintracht (concordia)
■ Habsucht (cupiditas)	■ Gleichgültigkeit gegenüber Irdischem (contemptus mundi)
■ Maßlosigkeit (immoderatio)	■ das rechte Maß (discretio)

Positive Lebensprogramme

ICH BIN.....die Quelle des Lichts.
Ich bin zufrieden mit dem, was ich habe/was ich bin.
Ich empfinde abweichende Meinungen nicht länger als Angriff.
Ich akzeptiere, dass andere meine Meinung nicht übernehmen.
Ich bin für andere da und biete ihnen Schutz.
ICH BIN.....Ruhe, Gelassenheit, Frieden.

r

In Hoffnung und Vertrauen leben

Krankmachende Lebensmuster

Hoffnungslosigkeit, eingekapselt, wie in einem „ Kokon“, Zweifel, Unglaube, Angst vor Krankheit, Unsicherheit, Genusssucht, Ziellosigkeit („wie ein Blatt im Wind“).

Heilsame Lebensmuster

Hoffnung, Gelassenheit, Stärke, Glaube, Zuversicht, Überzeugungskraft, Maßhalten (beim Essen, bei Aktivitäten usw.), Lebensziele verwirklichen, Sicherheit im Auftreten.

Hildegard

- Unglaube (infidelitas)
- Verzweiflung (desperatio)
- Maßlosigkeit (immoderatio)

- Glaube (fides)
- Hoffnung (spes)
- das rechte Maß (discretio)

Positive Lebensprogramme

Ich vertraue den Selbstheilungskräften meines Körpers.
Ich trete sicher auf und äußere meine Ansichten frei.
Ich gebe meine Zweifel auf.
Ich lebe mein Leben, auch wenn ... / obwohl ...
Ich arbeite jetzt und hier mit der höchstmöglichen Energie.
Ich genieße jeden Moment.

S

Schöpferisch und erfolgreich sein

Krankmachende Lebensmuster	Heilsame Lebensmuster
Selbstzweifel; Tendenz, sich klein zu machen; Erwartung von Misserfolg, Passivität, Vorsichtigkeit, Ängstlichkeit, Verzagtheit, Orientierungslosigkeit, verwirrt, bedrückt.	Zugang zu innerem Wissen, Risikobereitschaft, sich bietende Chancen erkennen und nutzen, das eigene Potenzial ausschöpfen, Kreativität entfalten und Dinge in Gang bringen, Freude an Aktivitäten und am Erfolg.

Hildegard

■ Feigheit, Resignation (ignavia)	■ göttliche Sieghaftigkeit (divina victoria)
■ Bequemlichkeit (torpor)	■ Tapferkeit, Stärke (fortitudo)

Positive Lebensprogramme

Ich höre auf, mein Licht unter den Scheffel zu stellen.
Ich lasse mein inneres Licht strahlen.
Ich glaube an meine kreativen Fähigkeiten und setze sie ein.
Ich habe Erfolg mit ...
Ich nutze meine Chancen.

t

Herausforderungen mit Mut und Ausdauer begegnen

Krankmachende Lebensmuster	Heilsame Lebensmuster
Mangelnde Ausdauer, mangelndes Durchhaltevermögen, Überforderung, Resignation, Entmutigung, Bequemlichkeit, Minderwertigkeitsgefühle, Unfähigkeit loszulassen (Menschen, negative oder überholte Verhaltensmuster, Erfahrungen und Gedanken), Erwartung von Fehlschlägen.	Ausdauer, Durchhaltevermögen (auch über einen langen Zeitraum), Beharrlichkeit, Selbstsicherheit, Erkennen der eigenen Stärken, Loslassen von einschränkenden Verhaltens- und Glaubensmustern, Zuversicht, Durchsetzungsfähigkeit, sich nicht entmutigen lassen.

Hildegard

■ Bequemlichkeit, Trägheit, Erstarrung (torpor)	■ Mut / Energie (fortitudo)
■ Pflichtvergessenheit (impietas)	■ Hingabe / Liebe, Güte (pietas)

Positive Lebensprogramme

Mit innerer Kraft begegne ich den Anforderungen des Lebens.
Ich bin fähig, Erfolg zu haben.
Ich lasse meine einschränkenden Gedanken und Verhaltensmuster los.
Ich schaffe es.
Mit Mut und Ausdauer gehe ich meinen Weg.

u

Ein Herz für sich selbst haben

Krankmachende Lebensmuster	Heilsame Lebensmuster
Tendenz zur Selbstbestrafung, nachtragend sein, mit sich und anderen unnachsichtig sein, Strenge, Dumpfheit, Schwere, sich einkapseln, Perfektionismus, Selbstzweifel, Neigung „Fehlern“ und Schwächen zuviel Gewicht zu geben; Versagensängste, Identitätsverlust; Angst, „anzuecken“; tiefliegender Schock, Haltlosigkeit, Orientierungslosigkeit, Manipulierbarkeit.	Selbstakzeptanz, Nachsicht mit sich selbst und anderen, Großzügigkeit, Unbeirrbarkeit, Selbstbewusstheit, innere Sicherheit und Stärke, Ich-Stärke, Unangreifbarkeit, Standfestigkeit, Glaube an sich selbst und an die Schöpfung.

Hildegard

■ Verlorenheit der Seele (perditio animarum)	■ Errettung der Seele (salvatio animarum)
■ Unbarmherzigkeit (obduratio)	■ Barmherzigkeit (miseridorcia)
■ Gottvergessenheit (oblivio)	■ Heiligkeit (sanctitas)
■ Unbeständigkeit (inconstantia)	■ Beständigkeit, Beharrlichkeit (constantia)

Positive Lebensprogramme

Ich bin nachsichtig mit mir und mit anderen.
Ich liebe mich und nehme mich so an, wie ich bin.
Meine Erfahrungen sind wertvoll und bringen mich weiter.
Ich vertrete selbstbewusst und mutig meinen Standpunkt.
Ich habe keine Angst, bei anderen „anzuecken“.
Ich bin mutig und stark.

X

Wandlung und Wachstum

Krankmachende Lebensmuster	Heilsame Lebensmuster
Zorn, Groll, Ärger, Angst, Hass, Unterordnung, mangelnde Gerechtigkeit Anderen gegenüber, sich selbst Grenzen setzen, Festhalten an negativen Mustern oder Emotionen, Unsicherheit, Gleichgültigkeit, Oberflächlichkeit, Unkonzentriertheit, sich abschotten, abweisend.	Auflösung von Begrenzungen und alten Mustern, Einordnung, Eins-Sein, Reinigung auf allen Ebenen, innere Sicherheit, Glaube an sich selbst und an die eigenen Fähigkeiten, offen sein für Neues, sich leicht und geborgen fühlen.

Hildegard

■ Unglaube (infidelitas)	■ Glaube (fides)
■ Verloreneit der Seele (perdito animarum)	■ Errettung der Seele (salvatio animarum)
■ Umherschweifen (vagatio)	■ Beständigkeit (stabilitas)
■ Ungerechtigkeit (injustitia)	■ Gerechtigkeit (justitia)

Positive Lebensprogramme

Ich heiße Veränderungen willkommen.
Ich lasse alle begrenzenden Muster los.
Ich glaube an mich, an das was ich tue, an meine Fähigkeiten.
Meine Erkenntnisse bestimmen mein Handeln.
Ich stehe mit beiden Beinen fest auf dem Boden.
Ich bin ein Teil des Ganzen.

y

Mit der Quelle verbunden sein

Krankmachende Lebensmuster

Mangeldenken, Angst, Traurigkeit, Wut, Spannung, Frust, Unzufriedenheit, Hilflosigkeit, Festhalten von im Köper gespeicherten emotionalen Belastungen, mangelnde Erdung, sich von Gott verlassen fühlen;
in sich gekehrt sein.

Heilsame Lebensmuster

Fülle anstreben und zulassen, Zufriedenheit, sich für Energien öffnen, Erdung, Verbundenheit mit der Quelle, Vertrauen Freude, Liebe, Entspannung, Glückseligkeit, spirituelle Suche, spirituelle Klarheit, Erkenntnis.

Hildegard

- Weltschmerz (tristitia saeculi)
- Gottvergessenheit (oblivio)
- Unglückseligkeit (infelicitas)

- Himmlische Freude (coeleste gaudium)
- Unverletzlichkeit (sanctitas)
- Glückseligkeit (beatitudo)

Positive Lebensprogramme

Ich bin mir meines Wertes bewusst.
Es ist alles da, was ich brauche.
Alles, was ich brauche, kommt zu mir und ich nehme es dankbar an.
Ich bin in Verbindung mit der höchsten Quelle.
“Mir wird nichts mangeln.“
Ich öffne mich für die kosmischen Geschenke.

Z

Den Sprung ins Ungewisse wagen

Krankmachende Lebensmuster

Ängste, Phobien, Angst vor der Zukunft, Angst vor Neuem, Angst vor Veränderung, Anspannung, Verkrampfung, Zweifel, Selbstzweifel, Unsicherheit, Schwere, Festhalten an überkommenen und destruktiven Gewohnheiten, mangelnde Flexibilität.

Heilsame Lebensmuster

Mut, Vertrauen, eine Veränderung wagen, neue Wege gehen, Sicherheit, Glaube an sich selbst und die eigenen Fähigkeiten, Leichtigkeit, Motivation, Zufriedenheit, innerer Frieden, Gelassenheit, Entspanntheit, Flexibilität.

Hildegard

- Feigheit, Resignation (ignavia)
- Unglaube (infidelitas)
- Trägheit, Erstarrung (torpor)

- Göttliche Sieghaftigkeit (divina victoria)
- Glaube (fides)
- Mut, Energie, Stärke (fortitudo)

Positive Lebensprogramme

Ich lasse meine Ängste
(vor Krankheit / Schmerz / Leid / der Zukunft) los.
Ich gehe mutig eigene / neue Wege.
Ich glaube an den Erfolg meines Vorhabens.
Ich bin hundertprozentig motiviert für...
Ich wage den Sprung ins Ungewisse.

et est

So sei es

So ist es

So wird es immer sein

Gott, Dein Wille geschehe

Amen

Wirkung

Anerkennen, was ist.
Verstärkung, Versiegelung, Energie auf ein Ziel lenken.
Wichtig zum Abschluss der Symbolarbeit!

Besonderheiten und Kombinationsmöglichkeiten

* Dieses Symbol nimmt eine Sonderstellung ein. Es steht in Hildegards Symbolalphabet genau in der Mitte. Elf Symbole stehen davor und elf weitere folgen. Hier wird alles auf den Punkt gebracht. Dieses Zeichen ist der Punkt, das Eine und gleichzeitig Alles. Es ist das Universelle, das Göttliche und kann daher nicht ein- oder aufgeteilt werden.

Ƃ + ϱr ϱȝr besonders geeignet für Sterbende

Z + * Diese Symbolkombination eignet sich besonders, um beispielsweise bestimmte Orte oder Gegenstände von Informationen aus der Vergangenheit zu reinigen. Die Zeichen können dafür in die Luft gemalt oder aufgeklebt werden.

X + r Hilft bei der Befreiung von Fremdenergien. Anschließend sollte folgende Kombination eingesetzt werden:

* + ȝ als Schutz

ℓ Zu diesem Zeichen bekamen wir folgende mediale Botschaft: „*Sehr vorsichtig anzuwenden, da der Energieausgleich, den dieses Zeichen macht so wirkt, als wenn du einen zerzausten Kopf mit einem Kamm glättest. So eine Wirkung hat das Zeichen. Es begradigt und glättet. Es ordnet die Struktur und gibt Frieden.*“

ℷ Schutz vor Manipulation.
Mediale Information: „*Göttliche Mutter, die alles an Nahrung gibt.*“
Prinzip: große Liebe

Mit den Symbolen arbeiten

- Die Symbole helfen Ihnen, sich selbst zu erkennen und an sich zu arbeiten. Legen Sie, ausgehend von Ihrer momentanen Verfassung oder Lebenssituation, zunächst ein Thema oder Ziel fest und wählen Sie dann das entsprechende Symbol wie unten beschrieben aus.
- Sie können die Symbole auch einsetzen, um Freunde oder Familienmitglieder zu unterstützen, *jedoch nur, wenn diese es möchten.*
- Die Symbole können in jede Art von beratender und therapeutischer Arbeit integriert werden.
- Von Kinesiologen können sie als eine zusätzliche Korrektur innerhalb des therapeutischen Prozesses verwendet werden.

Bei der Arbeit mit Klienten hat das Gespräch einen besonderen Stellenwert. Im einleitenden Gespräch werden Problem, Konflikt und Thema herausgearbeitet und/oder ein Ziel formuliert. Für die darauf folgende Anwendung der Symbole gibt es verschiedene Vorgehensweisen: die Arbeit mit einem oder mehreren ausgesuchten Symbolen, die Berechnung des Namenszeichens und/oder die Arbeit mit dem „kosmischen Persönlichkeitsdreieck".

Wenn Sie den kinesiologischen Muskeltest einsetzen möchten, aber noch nicht damit vertraut sind, finden Sie im Anhang eine ausführliche Anleitung.

Die Auswahl

Wenn Sie ein Thema festgelegt haben, wählen Sie ein Symbol aus, das Sie – auf dieses Thema bezogen – unterstützen kann.
Dafür haben Sie mehrere Möglichkeiten:

- Sie nutzen unsere Deutungen der Symbole. Entweder spricht Sie ein Schlüsselthema an, oder Sie finden Ihr Problem bei den krank machenden Lebensmustern, oder Ihr Ziel bei den heilsamen Lebensmustern und den positiven Lebensprogrammen.

- Sie schauen die Symbole auf der Übersicht an und wählen das aus, das Sie anspricht.
- Sie breiten die Symbolkarten vor sich aus und spüren mit den Händen, welche Karte Sie anzieht. Oder Sie nehmen die einzelnen Karten in die Hand und wählen die aus bei der Sie eine Wirkung spüren.
- Sie benutzen ein Pendel, um die passende Karte zu finden.
- Sie nutzen den kinesiologischen Muskeltest, wenn eine zweite Person bei Ihnen ist, die Sie testet. Der Test hat den Vorteil, dass Sie präzise das passende Symbol auswählen können. (Nicht jeder Mensch ist so gut im Spüren). Und Sie können sofort überprüfen, ob es eine Veränderung bewirkt.

Eine weitere Möglichkeit der Auswahl bietet die Radiästhesie.Wir haben uns ihrer nicht bedient weil wir damit nicht vertraut sind. Professor Eike Hensch hat freundlicherweise einige Symbole mit der Lecher-Antenne für uns ausgetestet und uns damit wichtige neue Hinweise auf die Wirkung der Symbole gegeben. Dafür danke ich ihm herzlich. Radiästheten finden diese Beispiele auf Seite 116 im Anhang.

Die Anwendung

Einfaches Anschauen: Die einfachste und wirksamste Weise, die Kraft der Symbole zu nutzen besteht darin, sie anzuschauen. Diese Methode wende ich selbst am häufigsten an.

Halten Sie die ausgewählte Symbolkarte mit ausgestrecktem Arm in Augenhöhe während Ihr Bewusstsein in ständigem Kontakt mit dem Problem und mit dem erwünschten Zustand bleibt.

Machen Sie diese Übung eine bis zwei Minuten lang.

Anschauen mit Augenkreisen (Augenrotation): Diese Art des Betrachtens vertieft die Wirkung des Symbols. Augenrotation wird in der Kinesiologie und im NLP (Neurolinguistisches Programmieren) oft eingesetzt. Man geht davon aus, dass mit verschiedenen Blickrichtungen unterschiedliche Gehirnbereiche angesprochen werden. Auf diese Weise sollen Blockaden gelöst beziehungsweise Informationen von diversen Gehirnarealen aufgenommen werden.

Halten Sie den Kopf geradeaus gerichtet. Verfolgen Sie nur mit den Augen die Symbolkarte, während der ausgestreckte Arm langsam eine kreisförmige Bewegung beschreibt. Am besten beginnen Sie oben in der Mitte.

Abschluss der Betrachtung: Die beiden Symbole **gr** und **g3r** sollten immer zum Abschluss angeschaut werden, und zwar im Sinne von: **So sei es. So wird es sein.** Das hat die Bedeutung einer Verstärkung, mit der nunmehr bearbeitete und veränderte Thema sozusagen an das Unterbewusstsein zurückgegeben wird.
Diese Art der Anwendung allein ist schon sehr wirksam und als Behandlung oft ausreichend.

In die Aura und auf Chakren „malen“: Ein ausgewähltes Symbol kann mit der Hand auf die Chakren (Energiezentren), aber auch auf jede beliebige Körperstelle sowie in die Aura „gemalt“ werden. Dies kann eine gute Unterstützung für alle diejenigen sein, die therapeutisch mit Körperenergien arbeiten. Man kann das aber auch für sich selbst durchführen.

Wasser auf ein Symbol stellen: Angeregt durch die Lektüre des faszinierenden Buches „Die Botschaft des Wassers“ von Masaru Emoto stellten wir ein Glas Wasser auf eine Symbolkarte und tranken es anschließend. Der Muskeltest bestätigte die positive Wirkung dieses Wassers. (Masaru Emoto hat mit einer Vielzahl von Versuchen nachweisen können, dass sich die Struktur von Wasser durch Beschallung, aber auch durch einfaches Aufkleben von Worten oder Symbolen verändert und als Informationsträger deren Bedeutung weiter geben kann.)

Eine weitere Anwendungsmöglichkeit wurde uns auf medialem Weg übermittelt:

„Wenn du mit einem Menschen arbeitest, für den du eine Kombination von Zeichen herausgefunden hast, kannst du vorn **ϙr** *hinlegen. Dann legst du diese ganzen `Tabletten`, sagen wir mal, hintereinander, und ganz unten legst du* **ϙʒr** *hin. Diesen Stapel hast du sozusagen als*

Behandlungspaket in der Hand. Du kannst den Patienten seine Hand darauf legen lassen, du kannst mit diesem Paket arbeiten. Du kannst ihm diese Zeichen auch mitgeben. So ist eine Kombination, ein Behandlungsblock entstanden. Du kannst aber auch sagen, eine bestimmte Situation ist stabil und die möchte ich stabilisierend halten bei diesem Patienten, dann nimmst du einfach das **ϙʒɼ** *und legst es oben drauf. Das* **ϙɼ** *brauchst du in diesem Fall nicht.“*

Freut euch aber,
dass eure Namen
im Himmel
aufgeschrieben sind.
(Lukas 10.20)

Das Namenszeichen

Einen wichtigen Hinweis für weitere Anwendungsmöglichkeiten der Symbole erhielten wir in Form einer medialen Durchsage: *„Ein Symptom darf nicht losgelöst von der betroffenen Person gesehen werden."* Diese Aussage ist ganz im Sinne Hildegards, die, wie schon im Kapitel Heilmittel beschrieben, betont, dass immer der Einzelfall berücksichtigt werden muss. Was für den einen richtig ist, kann für den anderen wirkungslos oder gar falsch sein. Und was kennzeichnet die Individualität eines Menschen mehr als sein Name? Erst durch ihn bekommt er seine Identität.

Welche Bedeutung der Name hat, machen viele Bibelstellen deutlich, von denen ich hier nur einige wenige zitieren möchte: „Und nun spricht der Herr, der dich geschaffen hat ... ich habe dich bei deinem Namen gerufen, du bist mein!" (Jesaja 43.1) Im Brief an die Philipper (4.3) ist die Rede von „Namen im Buch des Lebens", ebenso in Offenbarung 3.5: „...ich werde seinen Namen nicht aus dem Buch des Lebens tilgen, und ich will mich zu seinem Namen bekennen vor meinem Vater und vor seinen Engeln." Maria bekommt den Auftrag, ihren Sohn Jesus zu nennen, und Zacharias den seinen Johannes. Es scheint also nicht nur von Bedeutung zu sein, dass der Mensch einen Namen hat, sondern auch welchen. Die alte Textsammlung der jüdischen Geheimlehren, die Kabbala, beschäftigt sich ebenfalls mit der Bedeutung des Namens. Dort werden den Buchstaben Zahlenwerte zugeschrieben, die über das Wesen und Möglichkeiten eines Menschen Aufschluss geben.

Um die Buchstabensymbole mit dem persönlichen Namen eines Menschen zu verknüpfen, liegt es nahe, die Buchstaben der Reihe nach zu nummerieren. Dabei ist j gleich i und u ist identisch mit v und w. so kommen wir auf dreiundzwanzig Buchstaben. Die Namenszahl ergibt sich aus der Quersumme der betreffenden Buchstabenzahlen. Umlaute werden wie 2 Buchstaben behandelt: ä = ae / ö = oe / ü = ue.

Hier ein Beispiel:

H i l d e g a r d
8 + 9 + (1+1)+ 4 + 5 + 7 + 1 + (1+7) + 4
= 48 = 12 = 3

Da es einen Buchstaben mit der Zahl 48 nicht gibt, wird die Quersumme gebildet: 4 + 8 = 12. Der Zahl 12 entspricht der Buchstabe ***m*** und somit dieses Symbol:

Wird noch einmal die Quersumme der Zahl 12 ermittelt, ergibt sich die Zahl 3, das heißt, der Buchstaben ***c*** und das Symbol:

Die Zahl 12 ist sozusagen das Thema, während die 3 einen weiteren Hinweis darauf gibt, wie das Thema gelöst werden kann.

Nehmen wir Hildegards Namen so, wie er uns heute geläufig ist, Hildegard von Bingen, bekommen wir folgendes Ergebnis:

H i l d e g a r d
8 + 9 + (1+1)+ 4 + 5 + 7 + 1 + (1+7) + 4
v o n
(2+0) + (1+4) + (1+3)
B i n g e n
2 + 9 + (1+3)+ 7 + 5 + (1+3) = 90 = 9

Hildegards Name würde also in diesem Fall durch den Buchstaben ***i*** und dessen Symbol repräsentiert:

a	b	c	d	e	f	g	h	i
1	2	3	4	5	6	7	8	9

k	l	m	n	o	p	q	r
10	11	12	13	14	15	16	17

s	t	u	x	y	z	et	est
18	19	20	21	22	23		

a b c d e f g h i

1 2 3 4 5 6 7 8 9

k l m n o p q r

10 11 12 13 14 15 16 17

s t u x y z et est

18 19 20 21 22 23

Nun stellt sich die Frage: Von welchem Namen eines Menschen gehen wir aus? Grundsätzlich nehmen wir den *Vornamen* oder Rufnamen, so wie er amtlich eingetragen ist, also keine Verkürzungen oder so genannte Kosenamen und auch keine Zweitnamen, es sei denn, sie sind ein Bestandteil des Rufnamens, zum Beispiel Karl-Heinz. Der Vorname gibt einen Hinweis auf den roten Faden im Leben eines Menschen, die generellen Lebensthemen, aber auch die Hindernisse und „Fallstricke".

Wenn wir den *Nachnamen* dazu nehmen, ebenfalls so, wie er bei der Geburt des Menschen amtlich eingetragen wurde, dann gibt uns das Hinweise auf die Aufgaben dieses Menschen, auf sein Ziel. Wir erkennen, wo er hin will und wie er das umsetzt, was als Anlage in ihm vorhanden ist. Auch hier gilt es, die Hindernisse zu erkennen, die sich in Form von einschränkenden Lebensmustern bemerkbar machen.

Durch eine *Namensänderung*, zum Beispiel durch Heirat, ergibt sich aus dem Vornamen und dem neuen Nachnamen ein neues Symbol. Dies ist insofern von Bedeutung, als es auf neue Aufgaben und Themenbereiche hinweist. Bestimmend bleibt aber nach wie vor der eingetragene Geburtsname. Die Aufgaben verändern sich, aber das Wesen der Person und das damit verbundene Lebensthema bleibt weiterhin bestehen und wird sich nun in der neuen Situation ausdrücken. Soll also das neue Lebensthema genauer betrachtet werden, kann das durch die Namensänderung entstandene neue Symbol zu Hilfe genommen werden. Grundsätzliche Hinweise über Anlagen, Hindernisse, Umsetzung des Lebensthemas kann jedoch nur das Symbol des Geburtsnamens geben.

Künstlernamen und *Pseudonyme* beziehen sich auf die Projekte, welche die betreffenden Personen durchführen. Diese neuen Namen werden jedoch nie mit dem Ursprungsnamen identisch sein, sie können Verkaufsschlager sein, Tarnnamen, Decknamen oder leicht sprech- und lesbare Namen, sie werden aber niemals die Person selbst erfassen.

Vorname: der rote Faden im Leben, Lebensthemen, Hindernisse und „Fallstricke“

Vorname + Nachname: Aufgaben, Ziele, Umsetzung dessen, was als Anlage vorhanden ist.

Vorname + neuer Nachname: neue Aufgaben und Themen

Um das oben Gesagte zu verdeutlichen, können wir wieder den Namen Hildegards betrachten. Das Symbol ✱, das für ihren Vornamen steht, bringt auf wunderbare Weise zum Ausdruck, dass es in ihrem Leben darum ging, das innere Licht nach außen zu tragen und gleichzeitig in sich selbst und in Gott zu ruhen, auch wenn es im Außen Turbulenzen gab. Die „Innenschau“, das in sich hinein Hören, die in der Meditation gewonnene Erkenntnisse, der Rückzug auf das Selbst, aber auch Krankheit (wenn sie nicht bereit war, auf ihre innere Stimme zu hören) kennzeichnen Hildegards Lebensweg. Das Symbol ᒣ macht deutlich, dass es bei Hildegard darum ging, Resignation, Ängste, Handlungsunfähigkeit und Selbstzweifel zu überwinden, um Ideen und Pläne mit Willenskraft und Zuversicht umzusetzen. Das Symbol X macht deutlich, wie Hildegard dieses Zeichen der Umsetzung gelebt hat. Immer wieder brachte sie Gegensätzliches in Einklang. Als Äbtissin, Heilerin, Trösterin und Ratgeberin lebte sie ihren weiblichen Anteil, während ihre „männliche“ Tatkraft in ihrer Funktion als Klostergründerin, „Bauherrin“, unnachgiebige Verhandlungspartnerin, Reisende und Predigerin Ausdruck fand. Sie hat sich in der großen Politik wie in ihrem direkten Umfeld stets für ein friedliches Miteinander eingesetzt und verstand es, entgegengesetzte Meinungen in Einklang zu bringen. Sie hat sich, was dieses Zeichen auch bedeutet, den „himmlischen Kräften“ geöffnet und spirituelles Wissen zugänglich und verständlich gemacht. Wenn wir, wie es angesichts der Größe ihrer Aufgaben auch bei Hildegard sicher oft der Fall war, enttäuscht und resigniert oder verbittert sind, dann ist dies das richtige Zeichen, um wieder Mut zu fassen.

Das kosmische Persönlichkeitsdreieck

Es fällt auf, dass Hildegard die Reihe der Buchstaben mit zwei lateinischen Wörtern beendet: ***et*** und ***est***, wörtlich übersetzt: „und" und „ist". Sie drücken eine Bekräftigung aus im Sinne von „so sei es" oder „so ist es" oder „ Amen", wie wir am Ende eines Gebets sagen.

Medial wurde uns ein sehr schöner Vorschlag übermittelt, wie mit dem Namenszeichen und diesen beiden Worten gearbeitet werden kann:

„Der Namensbuchstabe zusammen mit den letzten beiden Zeichen ergibt einen Großteil der Heilung. Wenn ihr an der Spitze eines Dreiecks den Buchstaben der betroffenen Person habt, unten links und rechts jeweils die beiden Endzeichen, so könnt ihr in das Dreieck hinein die Zeichen geben, die für diese Person von Bedeutung sind. Es ist sozusagen so, dass auf der Basis des Dreiecks diese Symbole aufgebaut werden und zur Spitze hinführen. Ihr habt den Namen oben und alles, was an Informationen zu sagen ist, geht von dem ***et est*** *zu dem betreffenden Menschen und es wird sich durch die Spitze des Namensbuchstabens in der gleichen Weise wieder ausdehnen wie ein unsichtbares Dreieck. Dieses Dreieck steht dann sozusagen auf dem Kopf. Das ist das, was ihr die „Fülle des Alls" nennen würdet. So verbinden sich die Energien des Kosmos, des Lichtes, der Heilung, der Wahrheit, der Wahrhaftigkeit und der Erfüllung mit dem Mittelpunkt, mit dem Objekt Mensch, Tier, was immer ihr nehmt, mit dem, was euch auf Erde gegeben ist in Form von* ***ES IST***.*"*

Dieser Vorschlag erscheint uns sehr stimmig, denn er passt zu der Auffassung von Hildegard, die den Menschen als einen Teil der göttlichen Ordnung sieht.

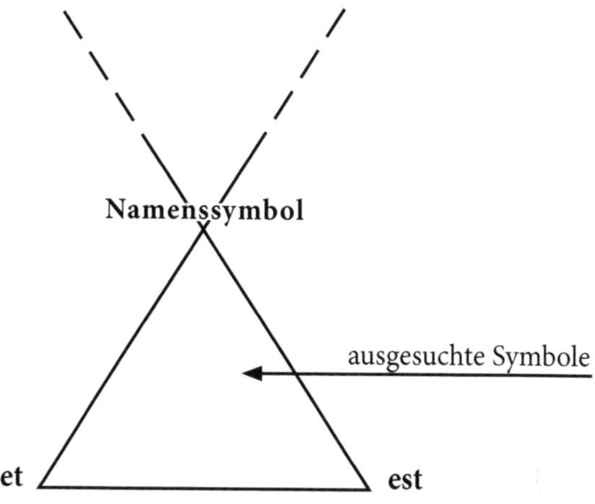

Die Gestaltung des kosmischen Persönlichkeitsdreiecks

Wie die Symbolkarten innerhalb des „Kosmischen Persönlichkeitsdreiecks" angeordnet werden, bleibt dem Einzelnen überlassen. Das Dreieck sollte allerdings immer gleichschenklig sein Die Heilung erfolgt über das Anschauen und über den *bewussten, aktiven* Prozess des Gestaltens.

Die Symbole können auch aufgeklebt oder selbst gezeichnet werden. Nehmen Sie Ihr Lieblingsphoto oder von Ihnen selbst oder von Ihren Kindern gemalte Bilder. Der Hintergrund oder die Symbole können farbig sein. Wenn Sie allerdings therapeutisch arbeiten, muss bei einer farbigen Gestaltung unbedingt immer auch beachtet werden, dass Farben an sich schon eine stärkende oder schwächende Wirkung haben können, das heißt, sie müssen ebenfalls unter therapeutischen Gesichtspunkten für die betreffende Person ausgewählt werden. Ich arbeite gern mit den weißen Zeichen, weil die Farbe weiß das gesamte Farbspektrum enthält und die weißen Zeichen sich außerdem gut von einem dunkleren Hintergrund abheben. Wenn man sich also über die farbliche Gestaltung nicht sicher ist, so sind diese weißen Zeichen immer richtig. Die Größe ist beliebig und hängt ganz von den Bedürfnissen der betreffenden Person ab, es sollte allenfalls beachtet werden, dass insbesondere das Dreieck beim Betrachten mit einem Blick erfasst werden kann.

Als praktisch hat sich erwiesen, das Dreieck so zu gestalten, dass der äußere Rahmen (Namenszeichen und ***et est***) fest bleibt, die Symbole im Inneren des Dreiecks jedoch ausgewechselt werden können, zum Beispiel indem man die entsprechende Karten in Fotoecken steckt. So ist es möglich, immer wieder neue Themen aufzugreifen oder mit mehreren Thematiken gleichzeitig zu arbeiten. Wenn es sich beispielsweise um ein Problem aus der Kindheit handelt, würde der Geburtsname an die Spitze gesetzt werden, bei einem Eheproblem der derzeitige Name. Beides steht möglicherweise in Zusammenhang. Dann können zwei Dreiecke therapeutisch sinnvoll sein.

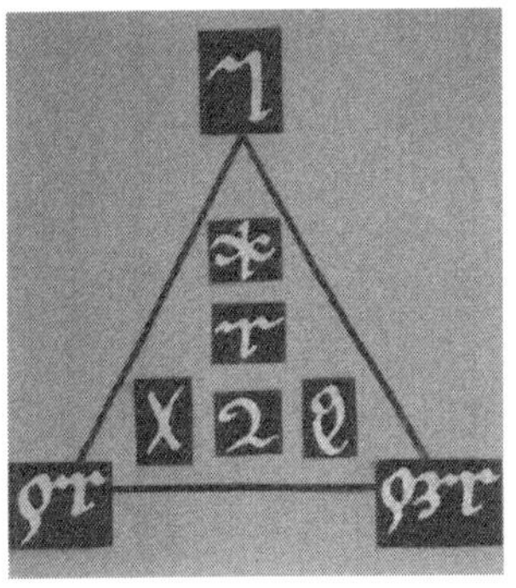

Wie auch immer Sie mit den Symbolen arbeiten, Sie sollten es *bewusst* tun. Die Symbolarbeit ist immer ein aktiver Prozess und die Frage „Was soll verändert werden, wo will ich hin?“, also das Ziel sollte stets präsent sein. Eine Ausnahme wäre die Arbeit mit kleinen Kindern oder sehr kranken Menschen.

Der Mensch besitz ein Potenzial zur
Wiederherstellung durch die ihm inne wohnende
innere Intelligenz des Organismus.
Diese Regenerationsfähigkeit, mit der er
ausgerüstet ist, wartet nur auf unsere Hand,
unser Herz und unseren Geist,
um zur Entfaltung zu kommen,
und erlaubt die Wiederherstellung der Gesundheit,
die im Menschen natürlicherweise angelegt ist.

Dr. George J. Goodheart
(Begründer der angewandten Kinesiologie)

Symbolarbeit bei Krankheiten

Bei Symptomen und Schmerzen sollten Sie selbstverständlich einen Arzt aufsuchen, eine medizinische Diagnose stellen und sich, wenn nötig, entsprechend behandeln lassen. Die Arbeit mit den Symbolen kann den Heilungsprozess jedoch auf allen Ebenen unterstützen. Wie im Kapitel „Die Bedeutung von Gesundheit und Krankheit bei Hildegard von Bingen" bereits ausführlich dargestellt wurde, sieht Hildegard den Menschen als eine Einheit von Körper, Seele und Geist, wobei sie in den „Lastern" die wesentliche Ursache für Krankheiten erkennt. Diese Sichtweise spielt auch in der Angewandten Kinesiologie eine wichtige Rolle und ich finde sie in meiner beratenden und therapeutischen Tätigkeit immer wieder bestätigt.

Ein Beispiel: Hat ein Mensch die oft unbewusste innere Einstellung „ich habe nicht die Kraft, meine Aufgaben zu bewältigen", so erreicht diese Information jede Zelle seines Körpers. Das Immunsystem wird geschwächt, die Selbstheilungskräfte – dieses „heilende Prinzip, das uns innewohnt" – können ihre Aufgaben ebenfalls nicht erfüllen. Das ist auch der Grund, weshalb wir darauf verzichtet haben, den Symbolen bestimmte Krankheiten beziehungsweise Symptome zuzuordnen. Wir hielten es für viel sinnvoller, die tiefer liegenden Ursachen, die Gefühls- und Denkmuster hinter den Symptomen zu erreichen.

Die mediale Botschaft, die wir für diesen Themenkreis erhalten haben, lautet:

„Die Umschreibung einer Krankheit ist sinnvoller als ein medizinisch gebräuchliches Wort dafür zu benutzen, da ihr nicht in der Lage seid, eine genaue Definition zu geben. Diese meint euch nicht persönlich, sondern meint genauso gut den Mediziner, der auch nur einen Teil der Krankheit in einen Namen fassen kann. Wenn ihr euch auf ein Krankheitswort einigen könntet, käme das der Situation, die der Betroffene auflösen wollte, schon nahe, aber ihr würdet ein Symptom abgelöst von seiner Persönlichkeit sehen."

Unsere Frage: „Wirken die Symbole auf allen Ebenen?" wurde so beantwortet:

„Ja, auf allen Ebenen. Auf Körper, Seele und Geist."

Wie sich krank machende Lebensmuster und negative Lebensprogramme auf die Gesundheit eines Menschen auswirken, ist von vielen Faktoren abhängig, zum Beispiel von der Veranlagung eines Menschen, von seiner Lebensweise, seinen Ernährungsgewohnheiten, der individuellen Lebensgeschichte, der gegenwärtigen Lebenssituation und den daraus resultierenden emotionalen Belastungen. Das hat zur Folge, dass sich ein und dasselbe Muster bei verschiedenen Menschen völlig unterschiedlich auswirken kann. Dennoch möchte ich Ihnen einige Anhaltspunkte geben, wie Sie selbst Beziehungen zwischen bestimmten Themen und Symptomen, Körperteilen und Organen herstellen können. Hier können uns gebräuchliche Redensarten teilweise sehr deutliche Hinweise geben wie folgende Beispiele zeigen:

Kopf: „Sich den Kopf zerbrechen." „Den Kopf voll haben."
Nase: „Verschnupft sein."
„Die Nase von etwas voll haben."

Mund: „Es verschlägt einem die Stimme/die Sprache."

Zähne: „Sich durchbeißen müssen."

Hals: „An etwas schwer zu schlucken haben."
„Einen Kloß im Hals haben."
„Das Wort bleibt im Halse stecken."

Ellbogen: „Mit etwas anecken."

Arme/ Hände: „Die Hände sind jemandem gebunden."
„Das Leben in die eigenen Hände nehmen."

Beine/ Füße: „Nicht weiterkommen mit einer Sache."
„Keine Fortschritte machen."
„Die nächsten Schritte tun."
„Fest im Leben stehen."

Magen: „Es schlägt einem etwas auf den Magen."

Leber: „Mir ist eine Laus über die Leber gelaufen."

Nieren: „Etwas geht an die Nieren."

Galle: „Gift und Galle spucken."

Herz: „Das Herz schlägt höher."
„Warm ums Herz werden."
„Das Herz in die Hände nehmen."
„Ein Stein fällt vom Herzen."

Die Zuordnung der Symbole zu Emotionen, Meridianen, Organen und Muskeln finden Sie in der Liste auf Seite 114.

Wie Menschen die Wirkung der Symbole erleben

Nicht bei jedem Menschen ist die Fähigkeit, körperliche Vorgänge wahrzunehmen, gleich gut ausgeprägt. Auch diese Fähigkeit kann von der Veranlagung, von der individuellen Lebensgeschichte und von vielen anderen Faktoren abhängig sein. So erleben Menschen die Wirkung der Symbole sehr unterschiedlich.

- Dorothea K. beispielsweise sagt von sich selbst: „Ich bin eine typische ‚Nichtmerkerin'. Während ich das Symbol anschaue, spüre ich nicht, dass etwas mit mir passiert. Deshalb schätze ich den Muskeltest, weil mir mein Körper auf diese Weise deutlich zeigt, dass eine positive Veränderung eingetreten ist."
- Wir arbeiten an dem Thema: „Ich vertraue dem Fluss des Lebens" und während Traude das ausgetestete Symbol betrachtet, durchströmen sie starke Gefühle der Freude, Kraft und Abenteuerlust. Sie sagt: „Das ist so selbstverständlich, das fühlt sich so gut an, da gibt es keine Zweifel mehr!"
- Ilse hat oft das Gefühl, dass sie in Gegenwart ihres Mannes all ihre Lebenskraft verliert. Angesichts dieses Problems formuliert sie das Ziel: „Meine Energie steht mir zu hundert Prozent zur Verfügung." Während sie das ausgetestete Symbol anschaut, berichtet sie: „Mein ganzer Brustraum wird weit, ich kann tief durchatmen, ich fühle mich leichter und gestärkt."
- Irma L. hat bei der Symbolarbeit eine intensive Körpererfahrung. Als Atemtherapeutin ist sie gewohnt, in sich hineinzuspüren und innere Prozesse wahrzunehmen. Der kinesiologische Test hat eine Blockade des Nieren-Blasen-Meridians und des Magen-Meridians ergeben. Sie berichtet: „Ich sehe im Liegen das Hildegard-Symbol an. In meinen Füßen wird ein Energiefluss spürbar, der sich durch die Beine bis hinauf ins Steißbein zieht. Angenehmes kribbeliges Gefühl, das sich im Unterbauch ausbreitet. Dann fließt es hoch bis zum Magen. Die

Schmerzen sind weg." Der erneute kinesiologische Test ergibt, dass die Blockaden gelöst sind, was sie durch die wiedergekehrte Kraft in den Armen und Beinen während dieses Tests bestätigt findet. Das Ganze hat nur etwa fünf Minuten gedauert.

- Frau N. kommt in die Praxis wegen einer starken Selbstwertproblematik. Die kinesiologische Austestung ergibt folgende „Glaubensmuster": „Meine Bedürfnisse dürfen sich nicht erfüllen", „es darf mir nur gut gehen, wenn ich kämpfe", „ich bin es nicht wert, dass andere mich mögen". Aus den für sie ausgesuchten Symbolen gestaltet sie das Kosmische Persönlichkeitsdreieck. Bei ihrem nächsten Termin nach 4 Wochen berichtet sie: „Ich hatte sehr gute erfüllende Tage, ich habe aber auch viel Dunkles erfahren." Das Erstaunliche ist aber, dass alle negativen Glaubensmuster sich aufgelöst haben und Frau N. stattdessen stark testet auf Sätze wie: „Ich bin wertvoll für andere", „ich darf ein glücklicher Mensch sein". Auf ihren eigenen Wunsch hin möchte sie „unbedingt weiter mit den Symbolen arbeiten, weil ich so gute Erfahrungen damit gemacht habe."

Ausblick

Diese Schrift ist das Ergebnis unser gemeinsamen Auseinandersetzung und Erfahrung mit den Symbolen der Hildegard von Bingen. Mir ist bewusst, dass dies erst ein Anfang ist und die Möglichkeiten, die wir mit diesen Symbolen in der Hand haben, noch längst nicht ausgeschöpft sind.

„Wenn ihr diese Arbeit der Entschlüsselung vornehmt, seid ihr sozusagen die Spitze eines Eisberges. Es werden noch viele andere Informationen folgen", lautet die medial übermittelte Botschaft.

Ich bin dankbar, dass ich diese Aufgabe übernehmen durfte. Wir empfanden uns sozusagen als Vermittlerinnen oder „Übersetzerinnen" kosmischer Energien in die Gedankenwelt und Sprache unserer Ebene. All das war aber auch intensive Arbeit an uns selbst. Wir haben alles selbst erprobt und ich kann versichern, dass keine negativen Nebenwirkungen zu erwarten sind – im Gegenteil, ich habe bis heute viele positive Wirkungen erlebt.

Ich freue mich, dass ich einige „Laster" ablegen oder mir zumindest bewusst machen und ein paar Tugenden entwickeln konnte. Mein Gesundheitszustand und mein Lebensgefühl wurden zwischenzeitlich auf eine harte Probe gestellt. Die Symbole haben einen großen Teil dazu beigetragen, dass ich mein körperliches und seelisches Gleichgewicht wieder gefunden habe. Dafür bin ich sehr dankbar.

Das ist meine Bitte an Sie: haben sie Vertrauen in die heilsame Kraft dieser Symbole und nutzen Sie sie: für sich, für andere Menschen und für die Erde.

„Diese Heilung bezieht sich nicht nur auf die Heilung des einzelnen Menschen, sondern sie bezieht sich auch auf die Heilung der gesamten Erde, der Natur und des Kosmos. Natürlich nicht von heute auf morgen, aber da – wie wir annehmen dass ihr es alle wisst – die Zeit bedeutungslos ist, kommt es nur darauf an, dass etwas getan wird." (medial übermittelte Botschaft)

Es ist nicht genug, es zu wissen,
man muss es auch anwenden!
Es ist nicht genug, zu wollen,
man muss es auch tun"

Johann Wolfgang von Goethe

Anhang

Muskeltesten, das „Biofeedback-Instrument" des Körpers

Alles, was von außen auf uns einwirkt, und alles, was sich in uns abspielt, hat eine Wirkung – sowohl auf unseren Körper, als auch auf unser Denken und Fühlen. Es kann uns schwächen, es kann neutral sein oder es kann eine stärkende Wirkung haben. Diese Wirkung zeigt sich unter anderem in der Reaktion der Muskeln. Wenn wir verliebt sind können wir „Bäume ausreißen", während uns eine schlechte Nachricht buchstäblich „die Beine wegzieht". Bei beiden Beispielen handelt es sich um Gefühlsreaktionen, die uns auf der körperlichen Ebene „stark" oder „schwach" machen. Über das einfache Feedbacksystem des Muskeltestens können wir den Körper direkt „befragen" und eine klare Antwort von ihm bekommen, vorausgesetzt wir sind in der Lage, die Reaktion des Testmuskels zu deuten.

Der **Testmuskel** wir auch Indikatormuskel genannt, weil er uns etwas anzeigt. Er reagiert auf leichten Druck entweder stark, das heißt, er „schaltet ein", oder er reagiert schwach, das heißt, er „schaltet ab". Jeder Stressfaktor bewirkt, dass ein zunächst starker Muskel plötzlich schwach wird.

Der **Tester** oder die **Testerin** und die **Testperson** bilden ein Team. Sie kooperieren in der Absicht, Stressfaktoren aller Art, energetische Ungleichgewichte, Blockaden oder einschränkende Lebensmuster zu entdecken, um positive Veränderungen einzuleiten.

Bitte beachten Sie die folgenden Punkte, bevor Sie mit dem Testen beginnen:

- Die Beteiligten sollten sich in einem energetisch ausgeglichenen Zustand befinden. Dafür empfehle ich: Wasser trinken und etwa eine Minute lang die Symbole **gr** und **gzr** anschauen.

- Beide sollten keine Erwartungen an das Testergebnis haben.
- Testende dürfen nicht vergessen, nach Schmerzen oder Verletzungen am Testarm zu fragen.
- Es geht nicht darum, die Kraft der Testperson zu messen, sondern vielmehr darum, die Reaktion des getesteten Muskels zu erspüren.
- Der Druck auf den Testarm sollte so leicht wie möglich sein, aber doch so deutlich, dass beide den Unterschied spüren.

Beide stellen (oder setzen) sich einander gegenüber und nehmen die Testhaltung ein.

Der Tester oder die Testerin fordert die Testperson auf zu halten und drückt etwa zwei Sekunden lang mit leicht ansteigendem Druck oberhalb des Handgelenks auf den Arm der Testperson (siehe folgende Abbildungen).

Zwei einfache Muskeltests

Deltamuskel

Im Stehen oder Sitzen den Arm waagerecht zur Seite halten. Druck auf den Unterarm oberhalb des Handgelenks.

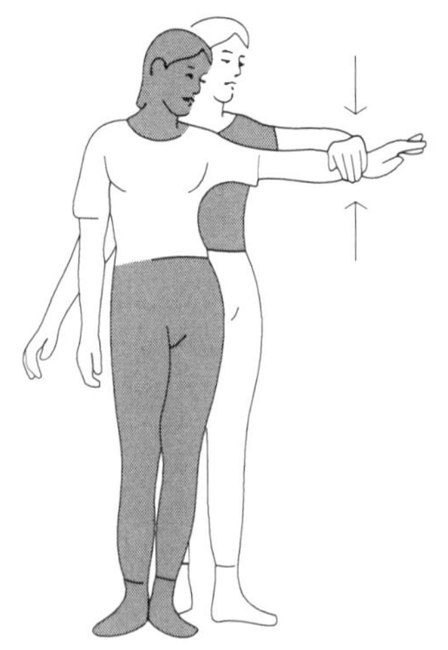

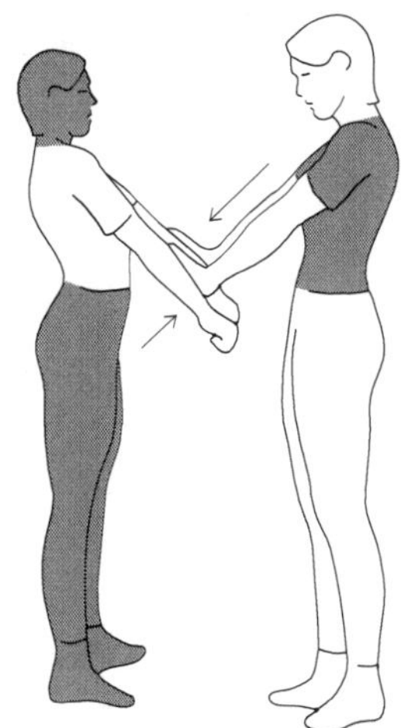

vorderer Deltamuskel

Im Stehen, Sitzen oder Liegen den Arm (oder beide Arme) in einem Winkel von etwa 30° zum Körper gerade nach vorne heben.
Druck auf den Unterarm nach unten.

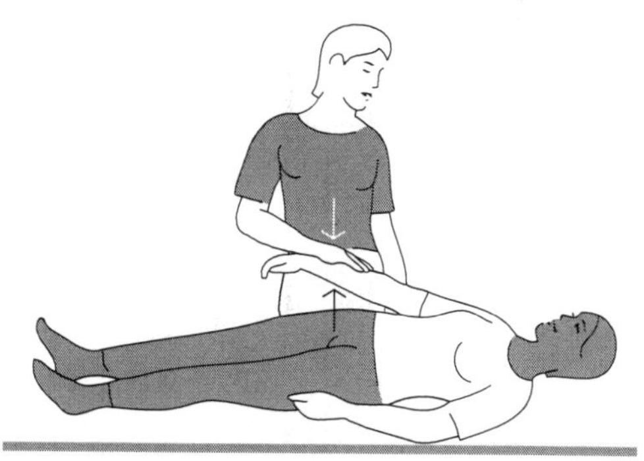

Nun können Sie einige Tests mit positiven und negativen Einflüssen machen.

Körperebene:

Die Testperson berührt eine gesunde Stelle an ihrem Körper.
■ Der getestete Muskel wird halten.
Die Testperson berührt eine schmerzende Stelle an ihrem Körper.
■ Der Muskel wird abschalten.

Energieebene:

Die Testerin oder der Tester streicht im Energiefeld der Testperson in einigen Zentimeter Abstand vom Körper auf dessen Mittellinie vom Schambein bis zum Kinn aufwärts.
■ Der getestete Muskel wird halten.

Die Testerin oder Tester streicht im Energiefeld der Testperson in einigen Zentimeter Abstand vom Körper auf dessen Mittellinie vom Kinn bis zum Schambein abwärts.
■ Der getestete Muskel schaltet ab.

Emotionale und mentale Ebene:

Die Testperson stellt sich ein freudiges Ereignis aus der Vergangenheit, der Gegenwart oder der Zukunft vor oder denkt an einen geliebten Menschen.
■ Der Muskel wird halten.

Die Testperson stellt sich eine belastende Situation vor oder denkt an einen unangenehmen Menschen.
■ Der Muskel schaltet ab.

Verbale Tests:

Die Testenden nennen bestimmte Begriffe, zum Beispiel Ärger, Zorn, Angst, Unentschiedenheit, Vater, Mutter u.s.w.
■ Ein abschaltender Muskel zeigt Stress an, was bedeutet, dass das betreffende Thema für die Testperson noch zu bearbeiten ist.

Testen Sie anschließend, wie eine bestimmte Aussage wirkt.
Die Testperson sagt: „Ich heiße...............“ (eigener Vorname).
■ Der Muskel hält.
Die Testperson sagt: „Ich heiße..............“ (falscher Vorname).
■ Der Muskel schaltet ab.

Die nicht zutreffende Aussage löst Stress aus.

Auf diese Weise können Sie auch etwas über unbewusste Einstellungen und Denkmuster herausfinden und haben damit eine einzigartige und sehr einfache Möglichkeit zur Selbsterkenntnis.

Je mehr Übung und Erfahrung Sie haben, desto sicherer werden Sie. Das heißt, Sie werden die Reaktion des jeweils getesteten Muskels immer deutlicher spüren und Ihrem Körper und diesem Prozess mehr und mehr vertrauen.

Wenn Sie eine persönliche Anleitung bevorzugen, wenden Sie sich bitte an einen ausgebildeten Kinesiologie-Lehrer oder eine -Lehrerin. Auskunft über diese Instruktoren gibt Ihnen die *Deutsche Gesellschaft für Angewandte Kinesiologie* (Anschrift auf Seite 125).

Zuordnung der Symbolbuchstaben zu

Buchstaben	Meridiane (Organe)
alle möglich	Zentralgefäß
alle möglich	Gouverneursgefäß
a, f, g, l, q, r, x	Magen
b, c, d, f, k, p, r, y, z, m	Milz-Pankreas
a, b, f, g, p, u, y	Herz
e, i, k, o, r, y, t	Dünndarm
a, c, g, k, m, p, z	Blase
b, c, d, e, f, n, t, r, s	Niere
d, i, k, p, x	Kreislauf – Sexus
b, d, e, h, n, r, m, o	Dreifacher Erwärmer
c, i, u, z, n, p, s	Galle
f, g, h, k, l, q, o, p	Leber
a, b, c, l, o, q, x, m	Lunge
a, d, e, h, k, p, q, s, t, z	Dickdarm

Meridianen (Organen) – Emotionen – Muskeln

Emotionen[9]	Muskeln[10]
Gegenwart, Zukunft, Überlastung, Erfolg, Selbstachtung	Supraspinatus
Vergangenheit, Aufrichtigkeit	Teres major
Ärger, Zorn, Angst, Kritik, Mitleid, Unzufriedenheit, Zufriedenheit, Gelassenheit	Pectoralis major clavicularis Hals- und Nackenmuskeln
Angst, Sorgen, Entspannung, Zuversicht, Vertrauen	Latissimus dorsi Trapezius
Hass, Zorn, Versöhnlichkeit, Liebe Barmherzigkeit	Subscapularis
Traurigkeit, Kummer, negative Erwartungshaltung, Heiterkeit, Freude	Quadrizeps femoris Abdominalmuskeln
Angst, Konflikte, Frustration, Ruhelosigkeit, Ausgeglichenheit, Selbstbestimmung, Fremdbestimmung, innere Führung	Peroneus
Un-, Sicherheit, Angst, Phobie, Un-, Entschiedenheit	Psoas
Bedauern, Eifersucht, Ent-, Spannung, Loslassen d. Vergangenheit, Versöhnlichkeit	Glutaeus medius
Depression, Schwermut, Hoffnung, Hoffnungslosigkeit, Leichtigkeit	Teresminor
Zorn, Wut, Bitterkeit, unentschieden, entschieden, Versöhnlichkeit, Liebe	Deltoideus anterior
Zorn, Ärger, Wut, Rage, Un-, Glücklichkeit, Groll, Zufriedenheit	Pectoralis major sternalis
Hochmut, Demut, Intoleranz, Identität, Toleranz, Traurigkeit, Heiterkeit, Selbstwert, Wandlung	Serratus anterior
Schuld, Kummer, Depression, Festhalten, Loslassen, Selbstwert, Begeisterung	Tensorfasciae latae

9 Die Meridian-Emotion-Beziehungen sind aus der chinesischen Energielehre abgeleitet

10 Diese Meridian-Muskel-Beziehung werden in der Kinesiologie angewandt.

Beispiele für radiästhetisch ausgemessene Zeichen

✻

0,5		zusammenfügen
0,8	k	Uran
1,5		Fülle (gegen Magersucht)
1,8		gegen Depression
2,1		guter Strahlpunkt (Kalium) / Bachblüte 23 / Echinacea / (Hell-) Sicht
2,4		Bachblüte 5 / Tollkirsche / Quarze
2,7	k	Bachblüte 11 / statt Blindheit: Schau
3,1		Bachblüte 21 / Sulfur / Konzeptionsgefäß
3,8	k	Bachblüte 29 / Lebermeridian
4,4	k	Bachblüte 14 / Belladonna / Calendula / Haut
4,6	k	Sulfur / Lebenskraft
5,32	k	göttliche Heilkraft / Universalkraft
5,85		Nabelchakra / „Gottes Segen liegt über dem Land“ / aufladener Punkt
5,9	k	Rose / „Sucht“
6,3	k	Opferplatz / Erdgott
6,8	k	Migräne
6,9		Lebenskraft / Heilerde / geistiges Prinzip

[Symbol]

1,7	k	Erhöhung der mentalen Fähigkeiten

[Symbol]

8,3	k	Vegetatives Nervensystem / „guter Rat“

[Symbol]

7,4	k	Gotteskraft / Heil / Heilen

Kurze Erläuterung für Nicht-Radiästheten:

k = kapazitiv, besonders hohe Schwingung mit geistigem Potenzial. Auffallend ist bei dem Symbol ✻, dass das k gleich mehrfach auftritt. Die angegebenen Zahlen geben ein Viertel der Wellenlänge an, die das Symbol kennzeichnet. Die jeweilige Wellenlänge entspricht der Wellenlänge der angegebenen Begriffe. Ausgemessen wurde von Professor Hensch mit der so genannten Lecher-Antenne.

Fragen an das Medium Gisela Keul

Welche Bedeutung hat dieses Alphabet?

„Innerhalb des Alphabets sind verschiedene Verse versteckt, so dass es, wie ihr es nennen würdet, ein Puzzelspiel ist, Worte aus diesem Alphabet zusammen zu setzen, die in Verbindung stehen mit Heilung. Diese Heilung bezieht sich nicht nur auf die Heilung des einzelnen Menschen, sondern sie bezieht sich auch auf die Heilung der gesamten Erde, Natur und Kosmos. Die Umweltschutzorganisationen täten gut daran, sich einiger dieser Symbole zu bedienen, so dass eine Bewusstseinsveränderung des Gegners stattfinden könnte."

Was hat Hildegard mit diesen Symbolen bezweckt?

„In einer Zeit, die sehr verhaftet war in erdgebundenen Gedanken, in unausgereiften Bewusstseinszuständen, war es nicht möglich, eine Information zu geben, die sich mit der Heilung aus geistigen Bereichen befasste, es sei denn, es handelte sich um Wunderheilungen, die sich auf einzelne ausübende Personen erstreckte. Die Anfeindungen der damaligen Zeit waren ausgesprochen groß, so dass die Informationen erst zu einer Zeit entschlüsselt werden können/dürfen, wenn der Mensch in der Lage ist, die Kraft seiner Gedanken zu beherrschen, beziehungsweise zumindest ein Behandler in der Lage ist, mit diesen Energien umzugehen. Da diese Symbole nicht für einen Menschen alleine sind, sondern in ihrer Schwingung auch Auswirkung haben auf das gesamte Energiefeld, nicht nur des Menschen, sondern auch der Erde, müssen sie verantwortungsvoll und achtsam eingesetzt werden. Wenn du beispielsweise bei einem Menschen etwas zum Abtrennen bringen willst und es noch nicht an der Zeit ist, so wird es eine Auswirkung haben auf die Menschen in seinem Umfeld, die sich dann auch trennen von Gedankenmustern, die aber unter Umständen noch bei ihnen bleiben müssten."

Wie kann man da eine Sicherung einbauen?

„Die Menschen, die mit dieser Art der Behandlung betraut werden, sollten erst einmal eine eigene innere Entwicklung durchlaufen haben und auf einem Stand stehen, dass sie in Verbindung zur göttlichen Quelle herstellen können und zum anderen sollte der zu Behandelnde niemals ohne eine Eigenarbeit behandelt werden. Er muss sich über die Bedeutung der Symbole im Klaren sein und wissen, dass er eine Energie zu Hilfe nimmt, die eine große Veränderung herbeiführt und die mit einer Demut anzunehmen ist und gleichzeitig eine Gnade bedeutet. Wer diese Grundsätze nicht beherzigen kann, sollte auch nicht in den Kreis der zu Therapierenden kommen. Diese Menschen sollten mit der Medizin der jeweiligen Zeit behandelt werden, nicht aber einsteigen in geistige Gesetze. Wenn ihr diesen Text mit in eure Veröffentlichung hinein nehmt, bedeutet es nichts anderes, als dass die zu Behandelnden, oder die, die es sich wünschen, behandelt zu werden, sich selbst prüfen müssen, ob sie sich einlassen wollen auf etwas, was mehr Kraft hat als das Wort eines normalen Behandlers. Diese Verantwortung könnt ihr ihnen nicht abnehmen und es ist im Sinne der sich verändernden Energiestruktur, dass sich die Menschen mit dieser Thematik auseinandersetzen. Auch hier ist es der freie Wille des Einzelnen, eine eigene Therapieform zu wählen."

Sind wir in der Lage, den Wahrheitsgehalt der Symbole zu entschlüsseln?

„Eine Nachfolge der Gedanken der Hildegard bedeuten immer, dass man sich in das Gebiet hinein begibt, in dem sie sich befunden hat. Das bedeutet, dass ihr anfangt, Wahrnehmungen zu haben, die ihr mit einfließen lasst in eure Deutungen. Die „ Schau der Dinge", wie es genannt wird, wird auch euch in geringerer Art möglich sein, so dass ihr das, was ihr für dieses Alphabet wissen müsst, auch erfahren werdet. Es ist auch durchaus möglich, dass euch zu einem Symbol verschiedene Bedeutungen erklärt werden;

diese Bedeutungen ergeben sich aus dem verschiedenen Verständnis der Personen, die mit diesen Buchstaben arbeiten. Alle Begriffe zusammen müssen aber als Einheit verstanden werden."

Gibt es einen Schlüssel für die Entschlüsselung? Ein Schema, das uns den Zugang erleichtert?

„Dieser Schlüssel, verehrte Damen liegt nicht im sagbaren Bereich. Dieser Schlüssel ist nur zu erfassen, wenn du durch die Worte in andere Lichtdimensionen gehst. Dieser Schlüssel ist ein spezieller Schlüssel. Jeder Behandler sollte seinen eigenen Schlüssel haben, so dass diese Zeichen sehr viel mehr Möglichkeiten bieten als du bis heute annimmst. Was wir an Zeichen übrig gelassen haben, bietet eine Grundinformation, wobei, je nachdem welchen Schlüssel der Therapeut benutzt, aus dem Schatzkästchen verschiedene Dinge heraus fallen. Du kannst also nicht einen Universalschlüssel erwarten, sondern du musst mit deiner Herzenskraft einen Schlüssel deiner Wahl nehmen, um ein Symbol verständlich zu machen. Pro Symbol gibt es verschiedene Erklärungsmöglichkeiten, nicht nur eure eigenen, sondern auch die der anderen „Experimenteure", so dass ein Symbol verschiedene Erklärungsmöglichkeiten beinhaltet."

Ist etwas zu tun, damit dieses Wissen angenommen und genutzt wird?

„Nein, die Nutzung dieser Information hängt alleine von der veränderten Struktur des Magnetfelds der Erde ab, inwieweit die Menschen sich auf eine neue Schwingung einlassen wollen. Es ist so, dass du etwas anbietest. Je nachdem welchen Preis ein Mensch bezahlen will, wird er es kaufen oder nicht. Hier ist der Preis nicht der materielle Preis eines Buches, sondern hier ist der Preis der Beginn des Weges zu einem veränderten Bewusstsein, mit dem Wissen, dass ich zwar stehen bleiben kann, aber nie mehr zurück gehen kann, ohne zu wissen was ich gesehen habe. Daher ist die Wirkung, die das Buch auf die Öffentlichkeit haben wird nicht abzuschätzen, sie hängt ab von den einzelnen Entwicklungsstadien."

Gibt es etwas, was von den Behandelnden bei der Arbeit mit den Symbolen beachtet werden muss?

„Innerhalb einer Behandlung mit diesen Symbolen seid ihr gefordert, eure Liebe einzubringen. Es ist durchaus eine Hilfe mit diesen Symbolen allein zu arbeiten, erfüllt aber nicht den ganzen Zweck. Wir möchten eure Hingabe an die Menschen. Eine Wirkung wird auch ohne eure Liebe stattfinden, aber es ist nicht das, was der Mensch, der behandelt wird, lernen sollte. Daher werdet ihr ohne ein Gespräch, ohne ein Gebet im Licht nicht die gesamte Wirkung der Symbole freisetzen können. Der Mensch ist immer noch das Bindeglied zwischen den göttlichen Symbolen und dem, was er damit machen will. Die Art deines Gebetes kann am Anfang stehen und braucht nicht immer laut gesagt zu werden. Wenn ihr mit einer Besetzerseele arbeitet, sollte aber über das Wort die Wirkung verstärkt werden. Es ist notwendig, dass auch der Mensch, dem diese Besetzung genommen wird, für diese Seele bittet. Diese Aufgabe könnt ihr ihm nicht abnehmen. Was dann mit diesem (wohlgemerkt) Seelen*anteil* geschieht, ist in der Gnade der göttlichen Ebene, um die ihr euch dann nicht mehr zu kümmern braucht."

Hatte Hildegard Zugang zu altem Wissen?

„Wenn ihr danach fragt, welches Wissen sie hatte, dann können wir euch sagen, dass die Mysterien ihr offen standen. Sie brauchte sich nur zu öffnen wie ein großes Sieb um alles in sich hinein sickern zu lassen. Sie hatte, ohne das komplette Studium der einzelnen Zweige durchlaufen zu haben, Wissen und Zugang zu anderen Universen."

Sind die Symbole auch wirksam für Menschen, die ihre Bedeutung nicht kennen?

„Ihr Lieben, diese Information erübrigt sich im Wesentlichen für euch, da ihr genauestens über die Wirkung dieser Symbole informiert seid. Alles, auch der Sonnenschein hat eine Wirkung, selbst wenn ein Mensch nicht weiß, was dieser Sonnenschein auf seiner Haut bewirkt: die Photosynthese der Pflanzen ebenso wie die Aktivierung der Lebenskräfte und der Fortpflanzungskräfte."

Ist es Zufall, dass die Symbole in einer Dreierreihe angeordnet sind?

„Nein, Zufälle würden hier wohl fehl am Platz sein. Die Drei ist doch für alle Völker, Religionen und auch Universen die Zahl der Einheit und dieses ist eine Einheit, die euch gegeben wurde. Jeder von uns ist diese Einheit, auch ihr seid sie. Sie setzt sich fort vom kleinsten Teilchen bis zum äußersten Universum, den Menschen eingeschlossen. Es ist ein Prinzip."

Bei manchen Symbolen ist nur ein ganz winziger Unterschied, zum Beispiel bei den Zeichen für *a* und *r*.
Haben sie trotzdem unterschiedliche Wirkung?

„Wenn du in den Bereich der Genetik gehst und die Entschlüsselung der Codierung ansiehst, wirst du wissen, wie wichtig ein ganz kleiner Haken ist und mit einem enormen Veränderungspotential verbunden. Alle Zeichen, die eine Rundung im oberen rechten Bereich haben, wirken dementsprechend auf die Areale des menschlichen Gehirns an gleicher Stelle. Eine Rundung bedeutet immer eine Ausgleichung, während eine Gerade eine Trennung bzw. eine Aufforderung ist, Klarheit in entsprechende Bereiche zu bringen."

Wenn wir ein Symbol für einen Namen berechnen, heißt das, dass gleiche Namen auch das gleiche Lernprogramm beinhalten? Zum Beispiel bei dem Namen Ingrid?

„Das ist wie bei einem Lebensbaum. Die Uraufgabe – nehmen wir den Namen Ingrid – ist für alle Ingrids gleich. Je weiter die Inkarnation voranschreitet, die Häufigkeit der Inkarnationen, desto differenzierter werden die Aufgaben, so dass sich andere hinzufügen und die schon gelösten abtrennen. Das Programm, das ursprüngliche Programm, ist bei allen dieser Menschen gleich. Aber da ihr auch noch andere Aspekte hinzufügt, zum Beispiel „Ingrid I hat eine Krankheit, Ingrid II hat eine andere", so wird dadurch schon eine Differenzierung geschaffen."

Ist mit den Symbolen Fernheilung möglich, zum Beispiel durch Auflegen des kosmischen Persönlichkeitsdreiecks auf ein Bild?

„Die Fernheilung unterliegt den gleichen Maßstäben, Grundsätzen, Vorraussetzungen und der gleichen Hingabe, wie wir schon mehrfach betont haben. Fernheilung ist möglich, Kontakt herstellen erforderlich, Frage nach Bedürftigkeit notwendig, Ausblendung von Störfaktoren dringend erforderlich, Vergewisserung von Fremdeinflüssen ist unabdingbar und der Wunsch zu helfen Grundvoraussetzung. Eine Behandlung über Foto ist möglich, aber immer nur im Einverständnis mit dem Betreffenden und mit der ganzen Kraft und Hingabe der eigenen Einsatzbereitschaft verbunden."

Kann man mit den Symbolen auch Plätze entstören?

„Ein kleines Zeichen für einen großen Platz ist nicht ausreichend, so dass du dieses Zeichen in den Bereich der Gedanken bringen musst und dann mit diesem Zeichen die Veränderung herbei führen könntest. Wir sind aber der Auffassung, dass diese Art der Platzreinigung oder Schwingungserhöhung nicht über ein derartiges Symbol gehen sollte, sondern in diesem Fall direkt über die Einstrahlung von Licht unsererseits durch Anforderung unserer Kräfte."

Sollte man das Schutzsymbol ( ) ständig bei sich tragen, zum Beispiel als Anhänger an einer Kette?

„Was willst du mit einem Schutzsymbol, wenn du gleichzeitig mit dem Schutzsymbol einen Wall aufbaust, aber hinter dem Wall gärt es noch. Erst musst du die Reinigung vollziehen (mit diesem

Symbol: ☡). Wenn du dich einer ständigen Reinigungsaktion unterziehen willst, kannst du das selbstverständlich tun. Du solltest aber selbst bedenken was es heißt Hausputz zu machen und das 365 Tage im Jahr. Es ist sehr anstrengend und würde dich überfordern."

Es gibt mittlerweile eine ganze Reihe „moderner" Symbole. Sind diese für die heutige Zeit nicht wirksamer und aussagekräftiger?

„Was deine Frage zu modernen Symbolen anbetrifft im Gegensatz zu den Hildegard-Zeichen, so sind wir der Auffassung, dass weder das eine noch das andere eine wesentlich bessere oder schlechtere Wirkung zeigt. Je nachdem, welcher Aspekt eines zu Behandelnden aktiviert ist, wird er auf das eine oder andere ansprechen. Glaubt ihr etwa, dass in den modernen Mandala-Zeichen nicht verborgen die Schwingungsmuster der Hildegard-Zeichen, die ebenfalls unsere Zeichen sind, versteckt sind? Die Heilkraft ist gleich. Auch wenn die Zeiten weiter fortgeschritten sind, auch wenn ihr Technik-gläubiger geworden seid, wobei wir betonen: ihr seid nur TECHNIK-gläubig und nicht gläubig, auch dann müssen wir sagen: Alle werden die Heilkraft, die sie benötigen aus dem jeweiligen Zeichen heraus spüren und damit arbeiten können. Die Verbundenheit und Kleingläubigkeit, was die Gläubigkeit anbetrifft, gibt uns zu denken. Auf der einen Seite sind wir überrascht, wie viele Lebewesen uns suchen, auf der anderen sind wir noch mehr überrascht, wie viele Lebewesen trotz der Suche an uns zweifeln. Wir denken, was müssen wir tun, damit ihr erwacht? Wir können doch nicht noch mehr Lichtsäulen setzen, damit ihr uns bemerkt, damit ihr *euch* bemerkt. Denn das ist doch der gravierende Punkt: Wir sind doch nicht im Außen allein zu finden, wir sind der Teil, der *euch* ausmacht. Nur – da ihr eure Größe nicht anerkennt, eure Heimatlosigkeit immer wieder betont, eure Suche immer weiter fortsetzt – entfernt ihr euch immer weiter von uns, von *euch selbst*. Das ist der springende Punkt, an dem ihr immer wieder von vorne anfangt zu suchen. Die Lustbarkeit euch selbst ins Licht zu stellen möchten wir anfachen, so dass wir denken, wenn ihr Freude an eurem SEIN entwickeln könntet, können wir uns durch euch präsentieren. Wir würden viele Facetten, die ihr brach liegen habt, zum Ausdruck bringen. Jetzt sagen wir zwar: „*Wir*" würden es tun. Aber im Prinzip ist es so: „*Ihr*" würdet euch selbst erlauben, uns zu präsentieren, durch euren Körper, durch euer SEIN.

Nun, damit möchten wir uns verabschieden. Wir bedanken uns für die außerordentliche Aufmerksamkeit und möchten betonen, dass wir *nicht* selbst die Energie der Hildegard sind, sondern ihr zugehörig sind und sozusagen wie ein Sprachrohr fungieren. Wir sind die universelle Energie, die sich so zusammen gestellt hat, dass das Überträgermedium sich bereit erklären kann, diese Energie aufzunehmen, ohne daran zu verbrennen. Damit verabschieden wir uns."

Quellen

Gerrit Bodde: 900 Jahre Hildegard von Bingen, CD, Jaro Medien GmbH

Dr. John Diamond: *Der Körper lügt nicht*, Freiburg 1993/*Die heilende Kraft der Emotionen*, Freiburg 1987

Michaela Diers: *Hildegard von Bingen*, München 1998

Masaru Emoto: *Die Botschaft des Wassers*, Burgrain, 2002

Regine Kather: *Hildegard von Bingen*, Sondermanuskript/*Forum der Wissenschaft*, Radio Bremen

Régine Pernoud: Hildegard von Bingen. Freiburg 1996

Heinrich Schipperges: *Hildegard von Bingen, Welt und Mensch, (De operatione Dei)*, Salzburg 1965/*Hildegard von Bingen*, München 1997

Rosel Termolen: *Hildegard, Heilkraft der Edelsteine*, Düsseldorf, Wien 1994

Riesencodex: *HS 2*, Hessische Landesbibliothek Wiesbaden

Adressen

Ich freue mich über Rückmeldungen zu den Erfahrungen, die Sie mit den Symbolen gemacht haben:

Traude Bollig

EMail: info@heilende-symbole.de • www.heilende-symbole.de

Hier erfahren Sie auch die aktuellen Seminartermine zum Thema oder können den Newsletter bestellen.

Als Medium stellte sich uns zur Verfügung:
Gisela Keul
eMail:GiselaKeul@gmx.de

Hier erhalten Sie Anschriften von Anwendern und Ausbildern der Kinesiologie:
Deutsche Gesellschaft für Angewandte Kinesiologie e.V.
Dietenbacherstr. 22 • 79199 Kirchzarten
Tel. 07661 - 980756 • Fax 07661 - 9831827
www.dgak.de

Über die Autorin

Traude Bollig,

arbeitete zunächst als Lehrerin an Haupt- und Realschulen. Nach dem Studium der Diplompädagogik war sie über viele Jahre in

der Erwachsenenbildung tätig als Dozentin an Volkshochschulen, Familienbildungsstätten und in der Ausbildung von Pflegekräften.

Seit 1990 führt sie mit der Zusatzausbildung als Heilpraktikerin für Psychotherapie eine eigene Praxis für Kinder, Jugendliche und Erwachsene mit Schwerpunkten Angewandter Kinesiologie, Verhaltenstherapie, Meditations- und Entspannungstechniken, sowie Familien- und Lösungsaufstellungen in Seminaren und Einzeltherapie.

Krankmachende Lebensmuster

Angst allgemein S.41/S.55/S.57/S.79/ S.81/S.83
- anzuecken S.77
- etwas zu versäumen S.49
- vor der Zukunft S.57/S.83
- vor Krankheit S.67/S.71
- vor Macht S.43
- vor Misserfolg S.73/S.75
- vor Überforderung S.57
- vor der Wirklichkeit S.57
- vor Veränderung S.57/S.59/S.83
- vor Versagen S.65/S.77
- zu kurz zu kommen S.49

Abweisend S.59
Abwertung des Selbst S.73
Aggressivität S.69
Ängstlichkeit S.73
Anspannung S.83
Apathie S.51
Ärger S.59/S.79
Arroganz S.57
Ausdauer Mangel S.75
Autoritär S.39

Bedauern S.45
Bedrückt S.73
Beeinflussbarkeit S.43/S.63/S.77
Begierde S.69
Begrenztheit S.79
Beleidigt S.49
Bequemlichkeit S.75
Bescheidenheit falsche S.65

Depression S.51/S.65
Desinteresse S.57
Dominanz S.39
Dumpfheit S.51/S.69/S.77
Durchhaltevermögen Mangel S.75

Egoismus S.49/S. 51
Eifersucht S.67
Eigeninitiative Mangel S.41
Einkapseln S.51/S.53/S.7 /S.77
Energielosigkeit S.41
Engherzigkeit S.55
Entfremdung S.45
Entmutigung S.75
Entscheidungsprobleme S.55/S.63
Entschlusslosigkeit S.67
Enttäuschung S.45/S.55/S.67
Erdung Mangel S.81

Existenzangst S.49

Feigheit S.4
Festhalten an
- der Vergangenheit S.69
- destruktiven Gewohnheiten S.83
- materiellem Besitz S.69
- Menschen S.75
- negativen Emotionen S.79/S.81
- negativen Erfahrungen S.75
- negativen Verhaltensmustern S.75/S.79

Flexibilität Mangel S.83
Fremdbestimmtheit S.43
Freudlosigkeit S.55
Frustration S.59/S.81

Gehorsam S.39
Geiz S.49
Gelangweilt S.51
Genussunfähig S.53
Genusssucht S.69/S.71
Gerechtigkeit Mangel S.79
Gereiztheit S.59
Gespalten sein S.45
Gier S.49
Gleichgültigkeit S.57/S.79
Gottvergessenheit S.65
Groll S.59/S.65/S.79

Habsucht S.49
Haltlosigkeit S.77
Handlungsunfähigkeit S.43
Härte S.59/S.67
Hartherzigkeit S.49
Hass S.79
Hektik S.63
Helfersyndrom S.39
Hilflosigkeit S.41/S.81
Hochmut S.51/S.59
Hoffnungslosigkeit S.45/S.71
Hyperaktivität S.63

Identitätsverlust S.77
Instabil S.55
Interesselosigkeit S.51
Intoleranz S.53/S.59
Introvertiert S.47

Kauflust S.69
Kontrolle S.39
Konzentrationsschwäche S.63/S.79
Kritikempfindlich S.69
Kritiksucht S.39/S.67

Lebensüberdruss S.41
Leere S.51
Liebe nicht annehmen S.67

Machtstreben S.39
Mangeldenken S.81
Manipulation S.39
Manipulierbarkeit S.77
Materielles Denken S.49/S.69
Meinung überstülpen S.39
Melancholie S.53
Minderwertigkeitsgefühle S.47/S.75 /S.53
Missgelaunt S.59
Missgunst S.59
Missionarischer Eifer S.39
Misstrauen S.51/S.57/S.69
Motivation fehlende S.51
Mürrisch S.57/S.67
Mutlosigkeit S.49

Nachtragend S.77
Negativen Gedanken S.75
Negative Verhaltensmuster S.75
Neid S.59/S.69
Nicht sehen wollen S.53
Niedergeschlagenheit S.47

Oberflächlichkeit S.49/S.5 /S.79
Ohnmachtgefühle S.43
Orientierungslosigkeit S.73/S.77

Passivität S.47/S.73
Perfektionismus S.77
Phobien S.83

Rechthaberei S.69
Resignation S.43/S.47/S.55/S.75
Richtiger Platz Zweifel S.45
Rücksichtnahme übermäßig S.65
Schock S.77

Schwäche S.41
Schwere S.45/S.77/S.83
Schwermut S.51/ S.53
Seelische Verletzungen S.45
Selbstbestrafung S.77
Selbstbetrug S.53
Selbstbezogenheit S.49/S.51
Selbstkritik S.65
Selbstvertrauen Mangel S.47/S.65
Selbstzweifel S.43/S.7 /S.77/S.83
Sorgen S.67
Stolz S.51
Streitsucht S.69
Strenge S.67/S.77
Stress S.59
Sturheit S.57/S. 67

Täuschung S.39
Traurigkeit S.45/S.53/S.65/S.81
Trübsinn S.53

Überforderung S.41/S.63/ S.75
Überheblichkeit S.59
Unbeweglichkeit S.51
Undankbarkeit S.51
Unflexibel S.51/S.67
Unfreundlichkeit S.57
Ungeduld S.45/S.59/S.67
Unglaube S.71
Unglücklich S.55
Unklarheit S.55
Unnachgiebigkeit S.39
Unnachsichtigkeit S.77
Unrast S.49
Unruhe S.49
Unsicherheit S.41/S.43/S.47/S.51/ S.67/S.83
Unterdrückung S.39
Unterordnung S.79
Unterwürfig S.43
Unzufriedenheit S.49/S.55/S.59/S.69/ S.81

Verbitterung S.55/S.59/S.67
Vergangenheit S.59/S.67
Verhaftungen S.43/S.59
Verhärtung S.55
Verkrampfung S.83
Verschlossenheit S.53
Verständnislosigkeit S.51
Verstrickungen S.43
Verwirrtheit S.73
Verzagtheit S.45/S.73
Verzetteln S.47
Verzweiflung S.45
Völlerei S.49

Wankelmut S.41/S.43/S.55/S.63
Widerstandskraft Mangel S.41
Willensschwäche S.41/S.43/S.63
Wut S.59/S.81

Zaghaftigkeit S.47
Zerstreutheit S.63
Ziellosigkeit S.71
Zögerlichkeit S.73
Zorn S.79
Zweifel S.41/S.45/S.57/S.71/S.83
Zwiespalt S.55

Heilsame Lebensmuster

Abenteuerlust S.57
Aktivität S.73
Aufgeschlossenheit S.51 / S.57
Aufmerksamkeit S.41
Ausdauer S.75
Ausgleichen S.69
Aussöhnung S.55
Autorität S.39

Balance Gefühl – Verstand S.55
Ballast abwerfen S.69
Befreiung S.65
Begeisterungsfähigkeit S.47 / S.51
Begrenzungen loslassen S.51 / S.79
Beharrlichkeit S.75
Beständigkeit S.63

Chancen erkennen S.73
Charisma S. 43

Dankbarkeit S.51
Demut S.59
Durchhalten S.63
Durchhaltevermögen S.75
Durchsetzungskraft S.43 / S.63 /S.75

Einklang mit
- den eigenen Handlungen
- den Gefühlen
- dem Göttlichen S.39
Eins – Sein S.45 / S. 79
Einsichtigkeit S.57
Energievoll S.61 / S.63
Entschlossenheit S.41 / S.43 / S.63 / S.67
Entspannung S.81
Erdung S.63 / S.81
Erdverbundenheit S.63
Erfolg S.73
Ergründung u. Vertiefung S.57
Erkenntnis S.51 / S.81

Flexibilität S.83
Freiheit innere S.59
Freude S.57 / S.81
Freundlichkeit S.39
Friede innerer S.83
Frieden stiften S.69
Friedfertigkeit S.69
Fülle S.81
Fürsorge S.49

Geborgenheit S.59 / S.61 / S.79
Gedankenkraft S.41
Geduld S.45 / S.59 / S.67
Gegensätze verbinden S.55
Gegenwartsbezogenheit S.59 / S.67
Gelassenheit S.45/S.49/S.59/S.69/S.71 /S.83
Genügsamkeit S.69
Genussfähigkeit S.51
Gerechtigkeit S.67
Glaube S.71
Glaube an Fähigkeiten S.79
Glaube an Schöpfung S.77
Glaube an sich selbst S.77 / S.79 / S.83
Glückseligkeit S.49 / S.81
Gottvertrauen
Großherzigkeit S.55 / S.59 / S.67
Großzügigkeit S.59 / S.77
Guter Rat S.67

Handlungsfähigkeit S.43
Harmonie S.59 / S.65
Heiterkeit S.51
Hellfühligkeit S.57
Hellsichtigkeit S.57
Herzensöffnung S.51 / S.67
Hoffnung S.41 / S.45 / S.71
Humor S.49

Ich-Stärke S.77
Ideen S.43
Innere Stärke S.47 / S. 55
Integration männlich – weiblich S.55
Interesse S.51 / S.57

Klarheit S.63
Kompetenz S.39
Konzentration S.41
Kraft S.61
Kreativität S.73

Lachen S.51 / S.65
Lebendigkeit S.49
Lebensenergie S.43
Lebensfreude S.39 / S.41 / S.65
Leichtigkeit S.45 / S.51 / S.59/ S.83
Licht S.69
Liebe S.81
Liebe selbstlose S.49
Liebe annehmen S.67
Liebe zu Gott S.49
Liebe zu sich selbst S.67
Liebe zum Leben S.49
Liebe zur Schöpfung S.49
Liebesfähigkeit S.67

Liebevoll S.39
Loslassen S.45 / S.57
Loslassen von
- Ballast S.69
- Begrenzungen S.79
- Der Vergangenheit S.67
- Einschränkenden Glaubens- und Verhaltensmustern S.75
- Verhaftungen an materiellem Besitz S.69
Lust S.65

Maßhalten S.71
Mitgefühl S.49
Motivation S.83
Mut S.41/S.65/S.75/S.83

Nachsicht S.77
Neue Wege S.83

Offenheit für
- andere S.67
- andere Meinungen S.69
- Neues S.79
- Energien S.81
Optimismus S.45

Pläne S.43
Potenzial verwirklichen S.43/S.65/S.73
Projektstart S.43

Reinigung S.79
Risikobereitschaft S.71

Schöpferkraft S.43
Schutz S.61
Schutz geben S.69
Schutz vor Negativität S.51
Seele S.65
Selbstachtung S.63
Selbstakzeptanz S.39/S.77
Selbständigkeit S.43
Selbstausdruck S.47/S.65
Selbstbestimmung S.39
Selbstbewusstsein S.47
Selbsterkenntnis S.51/S.69
Selbstsicherheit S.75/S.77
Selbstvertrauen S.65
Selbstverwirklichung S.63
Sicherheit S.41/S.43/S.47/S.49/ S.77/S.79/S.83
Spiritualität S.49/S.81
Spirituelles Wissen S.55
Stabilität S.55/S.63
Standfestigkeit S.77
Standhaftigkeit S.63
Stärke S.43/S.71/S.75
Stärkung S.63

Toleranz S.51/S.59/S.69

Überblick behalten S.41
Überzeugungskraft S.43/S.71
Unangreifbarkeit S.77
Unbeirrbarkeit S.77
Unbeschwertheit S.59
Unternehmenslust S.63
Unterstützung von anderen S.39
Urvertrauen S.47/S.63/S.67

Veränderung wagen S.83
Verantwortung S.55
Verbundenheit mit der Quelle S.81
Vergangenheit loslassen S.67
Versöhnung S.65
Versöhnungsbereitschaft S.55
Vertrauen in eigene Fähigkeiten S.65
Vertrauen S.41/S.45/S.49/S.81/S.83
- in die Zukunft S.57
Vitalität S.63
Vorbild S.39
Vorurteilslosigkeit S.59

Wahrnehmungsfähigkeit S.57
Wärme S.51
Warmherzigkeit S.49/S.67
Weichheit S.51
Weisheit S.39
Weitblick S.45/S.57
Willenskraft S.43
Wissen inneres S.73

Zentriertheit S.61
Ziele verwirklichen S.63/S.67/S.71
Zielgerichtetheit S.47
Zufriedenheit S.49/S.59/S.69/S.81/S.83 /S.89
Zugewandtheit S.39/S.41/S.51
Zuversicht S.41/S.45/S.75

Die ideale Ergänzung zum Buch:

Hildegard von Bingen - Die Heilkraft ihrer Symbole